ADRIANA HELLMANN

AURA

Die Komplett - Anleitung für Einsteiger

So löst du Blockaden und lässt deine Energie wieder fließen

Wie du deine Aura sehen, deine Chakren harmonisieren und dein drittes Auge öffnen kannst

INHALTSVERZEICHNIS

EINLEITUNG

Das menschliche Energiefeld, die Aura, erscheint vielen als geheimnisvoll, mystisch und zunächst nicht greifbar, da sie nicht für jeden Menschen spür- und sichtbar ist. Doch durch gezielte Übungen können die menschliche Intuition und Hellsichtigkeit so entwickelt werden, dass dies möglich wird. Warum kann das Erlernen des Aurasehens und -heilens wichtig sein? So wie der physische Körper einer täglichen Pflege bedarf, ist auch eine energetische Hygiene sinnvoll, um das eigene Wohlbefinden zu steigern. Darüber hinaus enthält die Aura eines Menschen als energetisches Pendant zum physischen Körper viele wichtige Informationen über die aktuelle körperliche und emotionale Verfassung.

Dieses Buch möchte dich darin unterstützen, dich spirituell weiterzuentwickeln und durch Aurawahrnehmung und -heilung in deine volle Kraft zu kommen. Zunächst erarbeitest du dir das entsprechende Hintergrundwissen, lernst, wie der feinstoffliche Körper aufgebaut ist und was eine Aura eigentlich ist. Du erfährst, aus welchen unterschiedlichen energetischen Schichten sie sich zusammensetzt und welche Bedeutung diese für dein Leben haben können. Auf dem Weg der energetischen Heilung geht es vor allem darum, Blockaden aufzulösen und Körper, Geist und Seele wieder in Balance zu bringen. Hierbei spielen auch die Energiezentren, Chakren genannt, eine wichtige Rolle. Du erfährst, wie sie mit der Aura in Verbindung stehen und dein körperliches und energetisches Wohlbefinden beeinflussen.

Um die eigene Aura und die anderer Menschen wahrnehmen und sehen zu können, braucht es die gezielte Entwicklung der Intuition und hellsichtiger Fähigkeiten. In diesem Buch sollen dir Techniken und Übungen an die Hand gegeben werden, um diese zu trainieren. Du entwickelst ein Feingefühl für Energien und wie du diese wecken, ausbalancieren und lenken kannst. Mit zunehmender Erfahrung wirst du bemerken, dass du ein neues Bewusstsein für die „unsichtbare Welt" entwickelst. So lernst du, deine Aura regelmäßig zu reinigen und erfährst, wie du dich vor negativen Energien schützen kannst.

Ein interessantes Feld der energetischen Heilmethoden stellt die Aurachirurgie dar. Das Buch gibt dir Einblicke in diese Form der Arbeit am Energiekörper, die darauf abzielt, energetische, emotionale oder mentale Blockaden und andere Störfelder, welche belastend sein können, „chirurgisch" zu entfernen. Zusätzlich erfährst du, wie Auraheilung über die Chakren geschehen kann und wie auratherapeutisch behandelt wird.

Durch die intensive Auseinandersetzung mit deiner Aura lernst du, dein Leben gesünder zu gestalten und an deiner persönlichen Entwicklung zu arbeiten. Als Leitfaden führt dich dieses Buch zu einem vertieften Verständnis und Erfahren von Spiritualität und zeigt dir auf, welchen Einfluss energetische Felder auf dich haben können.

Vielleicht spürst du bereits, dass nicht nur die sichtbare Welt Auswirkungen auf den Menschen haben kann. Durch deine Hinwendung und Übung im Bereich der energetischen Heilarbeit gewinnst du Vertrauen in diesen spirituellen Bereich deines Lebens. Jede

Veränderung beginnt im feinstofflichen Bereich und realisiert sich anschließend in der materiellen Welt. Die Beschäftigung mit deiner Aura ermöglicht es dir, Ursache und Wirkung zu erkennen, den tieferen Sinn dahinter zu verstehen und aktiv zu werden.

Diese Reise durch die faszinierende Welt der Aura beginnt mit deinen ersten Schritten, das energetische „Handwerkszeug" zu erlernen und vor allem zu praktizieren. Es braucht ein wenig Übung und Ausdauer, bis du Auren wahrnehmen, sehen, stärken und schützen kannst. Als Praxisbuch kannst du die beschriebenen Übungen immer wieder heranziehen, um dir die entsprechenden Fähigkeiten anzueignen und sie zu festigen. Darüber hinaus solltest du deinen individuellen Zugang zum Thema Aura finden, dir deine benötigte Zeit nehmen und vorgeschlagene Übungen gegebenenfalls anpassen.

Energiearbeit kann von Person zu Person unterschiedlich wahrgenommen werden. Der Weg, den du jetzt beschreitest, öffnet dir deine persönlichen Türen, dich selbst und andere Menschen über die Aura noch besser kennenzulernen.

KOSTENLOSES BONUSMATERIAL

Bevor du weiterliest:

Sichere dir jetzt noch schnell
das gratis Bonusheft:

Aura lesen lernen:
Die 7 größten Fehler, die Einsteiger machen

https://bit.ly/hellmann-aura

1. BEDEUTUNG DER AURA

Definitionsgemäß bedeutet Aura, eine besondere, ja sogar geheimnisvolle Ausstrahlung zu haben. Man spricht in diesem Zusammenhang vom „Charisma" einer Person. Unbewusst oder bewusst ist diese Energie wahrnehmbar, sobald diese Person einen Raum betritt. Vielleicht hast du schon derartige Erfahrungen gemacht und gespürt, dass Menschen unterschiedliche Energieniveaus aufweisen können. Der Begriff „Ausstrahlung" suggeriert bereits, dass es sich hier um energetische Frequenzen handelt, die ein Mensch aussendet. Im Altgriechischen wird Aura mit „Lufthauch" übersetzt, was unterstreicht, dass es sich hierbei für die meisten Personen um ein unsichtbares Phänomen handelt. Im Lateinischen bezeichnet Aura einen Lichtglanz oder Schimmer.

Als unsichtbares Energiegewebe umgibt die Aura den Menschen und stellt eine Art Informationsspeicher aller Emotionen, Gefühle, Gedanken, aber auch unbewusster Prozesse dar. Jede Aura ist somit einzigartig. Sie ist kein festes Konstrukt, sondern aktiv und in Bewegung. So ist es jedem möglich, die eigene energetische Schwingung anzuheben, die Aura zu reinigen und Informationen daraus zu empfangen, was für die eigene Lebensgestaltung sehr unterstützend sein kann.

Die Aura zeigt sich in unterschiedlichen, individuellen Farben, die sich in Farbgebung und Intensität verändern können. So kann sich die Aura z. B. bei depressiver Verstimmung düster zeigen, während sie bei einem Menschen, der seiner Freude folgt, hell leuchtet.

Die Wissenschaft streitet bis heute ab, dass ein solches Energiefeld existiert, obwohl es Versuche gab, die Energiefelder sichtbar zu machen. Einiges wurde ausprobiert, um die Existenz einer Energiehülle nachzuweisen. So versuchte Carl Ludwig Reichenbach im 19. Jahrhundert vergeblich, die Aura zu fotografieren. 1939 war es durch die Kirlianfotografie (benannt nach dem sowjetischen Forscher Semjon Kirlian) möglich, Lichtstrahlung fotografisch festzuhalten. Doch hier scheiden sich die Geister, ob damit wirklich die Aura fotografiert wurde.

Unterschiedliche spirituelle Lehren beschäftigten sich intensiv mit der feinstofflichen Hülle und gehen davon aus, dass alles Lebende auf dieser Welt von einer Aura umgeben ist. Sie strahlt sozusagen die Lebenskraft über den physischen Körper hinaus aus. So entstand eine spezielle feinstoffliche Anatomie des Menschen, deren Gesunderhaltung genauso wichtig ist wie die körperliche Gesundheit. Das Entwickeln eines höheren Bewusstseins und Energiearbeit, wie es in den traditionellen Yogaschriften, den Upanishaden, beschrieben wird, wird mittlerweile von der Wissenschaft immer mehr bestätigt. So entdeckt auch die Quantenphysik, dass alles in diesem Universum Energie und miteinander verbunden ist. Das „reine Bewusstsein" rückt zunehmend in den Fokus, denn durch die energetische Arbeit mit der Aura wird dieses erweitert, wodurch Einsicht und Heilung bei jedem Einzelnen und in der Welt geschehen kann.

Adriana Hellmann

Die feinstoffliche Anatomie des Menschen

Anatomie bezeichnet, wissenschaftlich gesehen, wie der Körper strukturiert und aufgebaut ist. Dieser Teilbereich der Medizin beschäftigt sich mit Gestalt, Lage und Aufbau von Knochen, Muskeln, Nerven und Organen. Die feinstoffliche Anatomie beschäftigt sich hingegen mit der energetischen Struktur, da hier davon ausgegangen wird, dass der Mensch mehr ist als sein physischer, sichtbarer Körper.

Die feinstoffliche Anatomie betrachtet den Menschen ganzheitlich als multidimensionales Geschöpf. Veranschaulicht wird sie mithilfe verschiedener feinstofflicher Ebenen, welche sich bestimmten menschlichen und spirituellen Themen zuordnen lassen. Es existieren unterschiedliche Bezeichnungen für den Energiekörper. So findet man auch Begriffe wie ätherischer Körper, Lichtkörper, feinstofflicher Körper, Geistkörper, Astralleib, doch meinen sie alle das Gleiche.

Die feinstoffliche Anatomie basiert vor allem auf den spirituellen Lehren des Hinduismus und Buddhismus. Bereits vor 5000 Jahren setzte man sich in der klassischen Yogaphilosophie mit dem Thema Aura auseinander und lehrte über Lebensenergie, Energiezentren, Energiekanäle und Energiekörper.

Die indische Lehre geht von folgendem grob- und feinstofflichen System (Panchakoshas) aus: Jeder Mensch besteht aus drei Körpern und fünf Hüllen. Die drei Körper werden durch die fünf Hüllen, die Koshas, aufgebaut und umhüllen die Seele des Menschen (Atman).

1. **grobstofflicher Körper (Sthula Sharira):** Dieser wird durch die Nahrungsaufnahme gebildet und stellt den physischen Körper eines Menschen dar. Er besteht aus den Elementen Feuer, Erde, Wasser, Luft und Äther.
   - **Annamaya Kosha** liegt diesem 1. Körper zugrunde.

2. **feinstofflicher Körper (Sukshma Sharira):** Dieser feinstoffliche Körper wird durch drei Koshas gebildet:
   - **Pranamaya Kosha:** Hier zirkuliert die Lebensenergie (Prana) durch 72 000 Energiekanäle (Nadis). Auch die Energiezentren (Chakren) werden dieser Hülle zugeordnet. Zudem sind dort die Organe der Handlung (Karma Indriyas) und die fünf verschiedenen Aspekte der Lebensenergie (Vayus) zu finden.
   - **Manomaya Kosha:** In dieser Hülle liegen alle Emotionen eines Menschen sowie die fünf Wissensorgane (Jnana Indriyas).
   - **Vijnanamaya Kosha:** Diese Geisthülle setzt sich aus den vier Teilen der Psyche (Antahkarana) zusammen: dem Denken (Manas), dem Unterbewusstsein (Chitta), dem Intellekt (Buddhi) und dem Ego (Ahankara) zusammen.

3. **Ursachenkörper (Karana Sharira):**
   - Die Wonnehülle (**Anandamaya Kosha**) ist der Ort der Seele (Atman) und des Karmas.

Da alles in diesem Kosmos schwingt und reine Energie ist, kann über Energiearbeit Einfluss auf die feinstoffliche Anatomie genommen werden. Hierfür entstanden in den verschiedenen spirituellen Lehren Techniken, um Energien zum Fließen zu bringen, Energieblockaden aufzulösen und sich vor negativen Energien zu schützen.

Du hast sicherlich selbst schon bemerkt, welchen Unterschied es im Leben macht, wenn du dich lebendig und voller Energie fühlst, statt ohne Energie zu versuchen, den Alltag zu meistern. Weil das Thema Energie zwar spürbar, aber nicht sichtbar ist, bleibt bei vielen die Frage, wie sich diese erhöhen und positiv nutzen lässt. Es gibt verschiedene Möglichkeiten, Energiearbeit in Anspruch zu nehmen oder zu erlernen. Jede Form, mit der eigenen Energie zu arbeiten, führt dich zu dir selbst, deiner Innenwelt, deinen Gedanken und Gefühlen, deinen Körperempfindungen und deiner Intuition.

Möglichkeiten der Energiearbeit können sein:

- Yoga: Lebensenergie (Prana) erhöhen, Energiezentren (Chakren) aktivieren, blockierte Energie wieder zum Fließen bringen
- Qi Gong: Lebensenergie (Chi) wieder ins Gleichgewicht bringen, Energieblockaden auflösen
- Reiki: Lebensenergie durch Handauflegung aktivieren, Energieblockaden lösen, Harmonisierung von Körper, Geist und Seele
- Schamanismus: Rituale zur Aktivierung der Energiezentren (Chakren), negative Energien erkennen und entfernen, Energieblockaden lösen, Energiefluss wiederherstellen, im Einklang mit der Natur leben, Energien harmonisieren, Trancezustände
- Meditation: Energiefluss harmonisieren, Energien gezielt lenken, Öffnung der Energiezentren (Chakren), Sensibilität für Energien erhöhen
- Achtsamkeit: Konzentration auf den Energiefluss des Körpers, Energieblockaden ausfindig machen, Wirkung anderer Energiearbeit erhöhen

◆ Atemübungen: Regulation des Energieflusses, Energiezentren öffnen und aktivieren, Energien lenken, Energiefluss verbessern

Mithilfe von Energiearbeit wird ein Bewusstsein dafür geschaffen, dass der Mensch mehr ist als sein physischer Körper. Durch veränderte Bewusstseinszustände, z. B. in der Meditation oder beim Yoga, ist die Verbindung zwischen Energiekörper und physischem Körper gelockerter, sodass ein Gespür für Energien stärker wird. Menschen mit Nahtoderfahrungen beschreiben besonders eindrücklich den Übergang vom physischen Körper in den Energiekörper. Solche außerkörperlichen Erfahrungen, die meist mit strahlendem Licht einhergehen, sind Hinweise auf die Existenz des Energiekörpers.

Ziel dieses Buches ist es nun, dir die energetische Arbeit mit deinem Energiekörper, der Aura, näherzubringen. Es ist ein Weg, um dein Energiepotenzial zu entfalten, deine Aura wahrzunehmen und davon zu profitieren. Doch zunächst soll erklärt werden, was die Aura eigentlich ist und wie sie aufgebaut ist.

Was ist eine Aura?

Alle Lebewesen, ja sogar Pflanzen, Steine, Orte und Dinge, besitzen ein Energiefeld, das sie umhüllt. Allerdings ist es nur Lebewesen mit Selbstbewusstsein möglich, höhere Auraschichten aufzuweisen. So sind z. B. bei Tieren ausschließlich die ersten Schichten einer Aura entwickelt.

In einer Aura sind viele Informationen gespeichert, wie z. B. Gefühle, Erfahrungen, Verletzungen und die aktuelle Gemütslage. Hast du schon davon gehört, dass man eine Aura auch sehen kann und das sogar in Farbe? An der jeweiligen Farbgebung des

Energiekörpers lassen sich Art und Qualität von Gefühlen und Gedanken ablesen, welche die Person gerade beschäftigen.

Es gibt unterschiedliche Konzepte darüber, wie eine Aura aufgebaut ist. Hier soll dargestellt werden, welcher grundlegende Konsens in der hinduistischen, buddhistischen und chinesischen Lehre diesbezüglich besteht. Es wird davon ausgegangen, dass die Aura aus sieben Schichten besteht, welche auch eng mit dem Chakrensystem, den Energiezentren, zusammenhängen.

Die einzelnen Schichten der Aura überlagern sich und erstrahlen in reinen und kräftigen Farben. Dabei ist der Energiekörper nicht starr, sondern kann sich ausdehnen oder zusammenziehen. In den Auraschichten befinden sich nicht nur gespeicherte Informationen über die Person, sie ist auch durch die Umwelt beeinflussbar. Eiförmig erstrecken sich die Auraschichten von innen nach außen. Auch eine Aura kann verschmutzt oder verletzt sein, ähnlich wie der physische Körper. Dann zeigen sich verschmutzte Farben, Risse und Verformungen im Energiekörper. Der Zustand der Aura ist veränderlich und kann sich je nach Tageszeit unterschiedlich zeigen.

Auch wenn der Mensch im Zuge der Rationalität der modernen Welt viele Wahrnehmungen verloren hat, können doch viele Menschen intuitiv die energetische Schwingung eines Menschen wahrnehmen. Je intensiver ein Mensch sich mit seinem eigenen Energiekörper auseinandersetzt, desto mehr wird er seine Fähigkeiten entwickeln, andere Auren wahrnehmen zu können. Die Innenwelt strahlt nach außen und das ist es, was manche Menschen so charismatisch und strahlend macht. Eine Aura kann sich im Laufe des Lebens entwickeln und zu einem gesunden und starken Energiefeld heranreifen.

Die sieben Schichten der Aura

Die Aura besteht aus sieben Schichten, die sich einander überlagern, durchdringen und vom physischen Körper ausgehend nach außen hin ausstrahlen. Einige dieser Schichten sind dir von der Lehre der feinstofflichen Anatomie, nämlich der Koshas, bereits bekannt. Je nach spiritueller Lehre werden diese Auraschichten unterschiedlich bezeichnet und eingeteilt. In dieser Darlegung soll sich auf die traditionelle indische Yogalehre der Veden bezogen werden.

Je nach Gesundheitsstatus, Gefühlslage, Gedankenmustern und Verhalten dehnt sich die Aura aus oder zieht sich zusammen. Je weiter eine Auraschicht vom grobstofflichen Körper entfernt ist, desto stärker ist ihre energetische Schwingung. Jede der sieben Auraschichten steht in Verbindung mit den sieben Energiezentren, den Hauptchakren, welche du in einem gesonderten Kapitel noch genauer kennenlernen wirst. Auch die energetische Beschaffenheit der einzelnen Schichten weist Unterschiede auf, von strukturiert bis flüssig. Auraschichten, die Struktur aufweisen (Auraschichten ungerader Zahl 1, 3, 5, 7), ermöglichen mehr Stabilität im Leben, weshalb du zuerst dort mit aktiver Energiearbeit ansetzen solltest.

Auraschicht 1: Annamaya Kosha – physische Hülle

Die erste Auraschicht besteht aus verdichteter Energie und sie umgibt direkt den grobstofflichen Körper, der durch Nahrung entstanden ist und weiterhin genährt wird. Dieser „Nahrungskörper" besteht aus den fünf Elementen Feuer, Wasser, Erde, Luft und Äther und ist den äußerlichen Umständen unmittelbar ausgesetzt. Annamaya Kosha belebt den physischen Körper und ist mit den grundlegenden, unbewusst ablaufenden Körpervorgängen verbunden. In dieser energetischen Schicht können physische Krankheiten erkannt werden. Als physische Hülle liegt sie so dicht am grobstofflichen Körper, dass sie auch von Menschen leicht wahrgenommen werden kann, die sich nicht für spirituelle Praktiken und Energiearbeit interessieren. Sie wird als eine verschwommene Schicht um den Körper beschrieben und mit etwas Übung kann auch ihre Aktivität entdeckt werden, denn keine Auraschicht ist starr.

Auraschicht 2: Pranamaya Kosha – ätherische Hülle

Durch die ätherische Hülle werden energetische Prozesse im Körper reguliert, welche mit den grundlegenden Vitalaktivitäten verbunden sind. Daher wird die zweite Schicht auch als „Vitalkörper" bezeichnet. Jene Abläufe im Körper, die eine bewusste Aktion des Menschen verlangen, werden durch Pranamaya Kosha beeinflusst. Diese gezielten Handlungsimpulse sichern das Überleben. Sie werden durch äußere Reize ausgelöst, die eine Reaktion notwendig machen. Die ätherische Hülle formt sich um den grobstofflichen Körper in seiner entsprechenden Form und sieht sozusagen wie ein energetischer Zwilling der Person aus. Mit etwas Übung ist auch diese Auraschicht für den Betrachter sichtbar.

Auraschicht 3: Manomaya Kosha – emotionale Hülle

Die dritte Auraschicht zeigt auf, dass ein Mensch die Fähigkeit besitzt, sich spirituell zu entwickeln. Jetzt beginnt der Übergang vom grobstofflichen Körper zum feinstofflichen. Mit zunehmender spiritueller Erfahrung dehnt sich die emotionale Hülle aus, wird größer und zeigt auf, welche Prozesse unbewusst auf der Seelenebene stattfinden und sich auf die grobstoffliche Ebene auswirken. Manomaya Kosha ist verbunden mit den Sinnen Sehen, Hören, Riechen, Schmecken und Tasten, dem Unterbewusstsein,

Gemütszuständen und Stimmungen. Diese Auraschicht ist für die Energiearbeit besonders wichtig, wenn es darum geht, Ursprung und Zusammenhänge von Krankheiten erkennen zu können. Mittlerweile ist vielen Menschen bewusst, dass körperlichen Beschwerden und Leiden eine seelische Ursache vorausgeht. Mithilfe spiritueller Praxis und Übung kann die emotionale Hülle, auch Geistkörper genannt, wahrgenommen werden.

Auraschicht 4: Vijnanamaya Kosha – mentale Hülle

Die vierte Schicht der Aura ist mit den Gedanken und Ideen eines Menschen verbunden, die auf bewusster Ebene hervorgebracht werden. Intuition und Selbstreflexion spielen bei diesen Gedanken eine Rolle. Die Persönlichkeit und das individuelle Potenzial zeigen sich in der mentalen Hülle. Vijnanamaya Kosha ist kugelförmig und somit von der Körperform abgelöst. Die mentale Hülle weist Deformierungen auf, wenn Geisteskrankheiten vorliegen. Für Menschen wird diese Auraschicht sichtbar, wenn sie auf dem Weg ihrer spirituellen Entwicklung bereits fortgeschritten sind. Doch es ist möglich, auf den ersten Auraschichten Auswirkungen des sogenannten „Wissenskörpers" indirekt wahrzunehmen.

Auraschicht 5: Anandamaya Kosha – kausale Hülle

Die fünfte Auraschicht begrenzt den Kausalkörper und stellt die letzte für den Menschen sichtbare Hülle dar. In Form einer Ellipse umgibt Anandamaya Kosha den Körper. In ihr sind die wahren Ursachen zu finden, also Erkenntnisse und Erfahrungen, die im Zusammenhang mit dem Göttlichen stehen. Erleuchtungserfahrungen werden über diese Auraschicht erlebt und versetzen den Menschen in Ekstase und Glücksgefühle. Diese Gefühle und höheren Einsichten sind allen Menschen möglich und äußern sich als spontan auftretende Momente tiefsten Glücks,

Selbstvergessenheit, Flow-Zustand oder ekstatische Verzückung. Auf dem Weg der spirituellen Entwicklung dehnt sich die kausale Hülle immer weiter aus. Spirituelle Heiler haben dadurch die Möglichkeit, Menschen auch aus der Ferne behandeln zu können. Die besonders hohe Energie dieser Auraschicht zeigt sich bei Menschen, die sich kontinuierlich mit Spiritualität beschäftigen, praktizieren und sich hier weiterentwickeln.

Auraschicht 6: Jiva – individuelle Seele

Die Seelenhülle wird im Sanskrit als Jiva bezeichnet. Diese sechste Auraschicht beschreibt die Persönlichkeit eines Menschen auf der Seelenebene. Individuelle Seele bedeutet also, dass diese den menschlichen Körper bewohnt und ihn nach dem Tod verlässt, um zu ihrem göttlichen Ursprung zurückzukehren. Diese Schicht der Aura zeigt sich wie ein riesiger Raum, in welchem der Mensch sich bewegt, und stellt die Verbindung zum Seelenursprung dar. In der hinduistischen Lehre wird die individuelle Seele auch als „Atman" bezeichnet und ist Ausdruck der Einzigartigkeit eines Menschen. Dabei sind nicht im trennenden Sinne Unterschiede zu den Mitmenschen gemeint, sondern die Vielfalt in der göttlichen Einheit. Wer sich Jiva oder Atman bewusst wird, hat durch die spirituelle Entwicklung den Schleier der Illusion (Maya) gelüftet. Maya beschreibt die Täuschung durch die materielle Welt, wodurch der Mensch in Unkenntnis über seine wahre Natur bleibt. Das Ego verdeckt durch seine Identifikation mit dem Körper, den Gedanken und Gefühlen, dass der Mensch eine unsterbliche Seele ist. Der Mensch ist göttlicher Natur, woran er sich durch spirituelle Arbeit wieder erinnern kann. Erleuchtete Menschen können diese Auraschicht in tiefer Meditation wahrnehmen. Das Alltagsbewusstsein wurde überschritten, tiefe Einsichten wurden erlangt und das innere Licht, der kosmische Urklang durchdringt das gesamte Sein. Die Bezeichnung „Erleuchtung" kann in diesem

Zusammenhang auch als das verstanden werden, denn solche Menschen strahlen, da alle Auraschichten voller Energie leuchten. Für Außenstehende ist dieses Leuchten durchaus wahrnehmbar und sie fühlen sich davon besonders angezogen.

Auraschicht 7: Maha-Jiva – göttliches Selbst

Die siebte Schicht der Aura gilt als die höchste, göttliche Hülle, in welcher sich Gott erfahren lässt. Maha Jiva ist die „große Seele", welche Einheit, Ewigkeit und Allgegenwärtigkeit ist. Dieses göttliche Selbst wurde von Menschen erfahren, die vollkommene Erleuchtung im Leben erlangt haben, wie z. B. Jesus Christus oder Buddha. In der Kunst wurde das göttliche Selbst oft in Form des Heiligenscheins (Aureole) aufgezeigt und symbolisiert eine einheitliche Aura. Hier vereinen sich alle Auraschichten zu einem einzigen Lichtkörper. Solch ein Heiligenschein ist für andere Menschen deutlich erkennbar. Das Leuchten beginnt mit dem Scheitel (Kronenchakra) und dehnt sich über den gesamten Körper (Gloriole) aus, sobald alle Auraschichten miteinander verschmolzen sind.

2. DIE VERBINDUNG ZWISCHEN DER AURA UND DEN CHAKREN

Wie bereits erwähnt, steht die Aura in enger Verbindung mit den Energiezentren des Menschen, den sogenannten Chakren. Das Wort „Chakra" stammt aus der altindischen Gelehrtensprache Sanskrit und bedeutet übersetzt so viel wie „Rad", „Diskus" oder „Kreis". Du kannst sie dir als farbige Energiewirbel vorstellen, die sich in deinem Energiekörper befinden und sich ständig drehen. Doch Chakren sind nicht nur eine energetische Verbindung zu deiner Aura, sondern auch zum physischen Körper. In der indischen Mythologie werden diese Energiezentren als Lotosblüten mit unterschiedlicher Blattzahl und Farbe dargestellt. Es existiert eine Vielzahl an Energiezentren, doch fokussieren sich die meisten spirituellen Lehren auf sieben Hauptchakren. Die Farbe der Chakren entspricht ihrer Schwingungsfrequenz, welche von der Aura widergespiegelt werden.

Entlang der Wirbelsäule, dem Hauptenergiekanal (Sushumna Nadi), reihen sich die Chakren vom Steißbein bis zum Scheitel auf, von wo aus sie in alle Richtungen ausstrahlen. Jedes Chakra thematisiert bestimmte Gefühle, Erkenntnisse, Wahrnehmungen und kann körperlichen Bereichen zugeordnet werden. Die einzelnen Chakren sind nicht nur mit der Aura, sondern auch untereinander energetisch vernetzt:

Chakrenverbindungen:
1. Chakra: Wurzelchakra ⟺ 7. Chakra: Kronenchakra
2. Chakra: Sakralchakra ⟺ 6. Chakra: Stirnchakra
3. Chakra: Solarplexuschakra ⟺ 5. Chakra: Halschakra
4. Chakra: Herzchakra (Zentrum) ⟺ verbindet die unteren drei Chakren mit den oberen drei Chakren

Die Chakren und ihre Bedeutung für die Aura

Welche Themen werden den einzelnen Chakren zugeschrieben und wie stehen sie mit deiner Aura in Verbindung? Hier erhältst du einen ersten Überblick über die sieben Hauptchakren:

Name	Sanskrit	Farbe	Themen
1. Wurzelchakra	Muladhara-Chakra	Rot	Geborgenheit, Lebenskraft, Vertrauen, Erdung, Sicherheit, Vitalkraft, Stabilität, Überlebenswille, Bodenständigkeit, Balance, Mut, Willenskraft, Urvertrauen
2. Sakralchakra	Svadisthana-Chakra	Orange	Lebensfreude, Sexualität, Emotionen, Lust, Kreativität, Schöpferkraft, Lebendigkeit, Sinnlichkeit, Fortpflanzung, Körperlichkeit

3. Solarplexus-chakra	Manipura-Chakra	Gelb	Persönlichkeit, Glaubens-sätze, Gedankenmuster, Intellekt, Durchsetzungsver-mögen, Willensstärke, Selbst-sicherheit, Unterbewusstsein, Bauchgefühl, Intuition
4. Herzchakra	Anahata-Chakra	Grün/ Rosa	höhere Liebe, Liebeserfahrung, Empfindungen, Hingabe, Mitgefühl, Toleranz, Selbstlosigkeit, Schönheit wahrnehmen, Güte, Harmonie, Versöhnung
5. Halschakra	Vishuddha-Chakra	Hellblau/ Türkis	Ausdruck Seelenwahrheit, Kommunikation, Authentizität, Ausdrucksfähigkeit, Offenheit, Zuverlässigkeit, Inspiration, Musikalität, Kreativität, mentale Kraft, Wortbewusstsein
6. Stirnchakra	Ajna-Chakra	Dunkel-blau/ Violett	Selbstverwirklichung, Wahrnehmung, Hellsichtigkeit, Ausdruck der inkarnierten Seele, Telepathie, geistige Klarheit, drittes Auge, Weisheit, Intuition, Fantasie, Selbsterkenntnis, Vorstellungskraft, Bewusstsein, Präsenz

7. Kronenchakra	Sahasrara-Chakra	Weiß/Violett	göttliche Energie, höheres Selbst, Lebenssinn, innerer Friede, Vollkommenheit, Einheit, Gotteserkenntnis, Selbstverwirklichung, Erleuchtung, Stille

Es gibt unterschiedliche Auffassungen darüber, in welcher Form die Chakren mit der Aura zusammenhängen. Es existiert keine Hierarchie zwischen Chakren und Aura, keines der beiden ist schlechter oder besser als das andere. Sie sind die gleiche Energie, agieren und zeigen sich aber in unterschiedlichen Dimensionen.

Muladhara – das Wurzelchakra

Das Muladhara-Chakra bildet als erstes Chakra die Basis und stellt die energetische Verbindung zur Erde dar. Die Wortsilbe „Mula" bedeutet Wurzel und „adhara" Stütze, womit das Grundthema des Wurzelchakras bereits beschrieben wird: Stabilität. Das feuerrot leuchtende Chakra befindet sich im Beckenbodenbereich am unteren Ende der Wirbelsäule, dem Steißbein, und wird dem Element Erde zugewiesen. Durch diese starke Verbindung zum Erdelement ist sie für den Menschen eine wichtige Quelle der Lebensenergie. In der Yogaphilosophie ist das Wurzelchakra Sitz der Kundalini-Energie, welche als schlafende Schlange symbolisiert wird und für die spirituelle Entwicklung des Menschen steht. Erwacht diese schöpferische Energie, steigt sie die Wirbelsäule (Energiekanal Sushumna Nadi) hoch und aktiviert die weiteren Chakren bis sie beim Kronenchakra angekommen ist. Mit beiden Beinen sicher und stabil im Leben stehen ist das Geschenk dieses Chakras, wenn es in seiner vollen Kraft ist. Menschen suchen die Stabilität und Sicherheit oft in materiellen Dingen, daher geht es

hier auch um das Thema Besitz und Materialismus. „Was habe
ich?" und „Wie stehe ich zu materiellen Dingen?" sind die grundlegenden Reflexionsfragen.

Körperlich gesehen werden dem Wurzelchakra der Geruchssinn
und die Nebennieren zugewiesen. Diese Hormondrüse unterliegt
dem vegetativen Nervensystem sowie dem hormonellen Regel-
kreislauf und vereint die Nebennierenrinde und das Nebennie-
renmark. Damit ist sie maßgeblich an der Bildung verschiedener
Hormone wie Cortisol, Adrenalin und Noradrenalin beteiligt.
Auch nimmt das Wurzelchakra Bezug auf feste Körperbestand-
teile wie Knochen, Zähne, Nägel und die Wirbelsäule. Ebenso
stehen das Blut, der Darm und der Beckenboden mit diesem Chakra in Verbindung.

Du spürst, dass dein Wurzelchakra aktiviert und energetisch ist,
wenn du dich geerdet fühlst, deine Lebensenergie fließt, du dir
selbst vertraust und dich in gewissen Situationen durchsetzen
kannst. Ist Muladhara blockiert, tauchen Existenzängste auf und
man neigt dazu, materielle Dinge zu horten. Das Vertrauen in sich
selbst und andere ist gestört, was Auswirkungen auf persönliche
und geschäftliche Beziehungen haben kann. Grundsätzlich fehlt
der „Drive", um Projekte in Angriff zu nehmen. Auch körperliche Anzeichen können Hinweise auf Energieblockaden im Wurzelchakra geben, wie z. B. Verdauungsprobleme, schwankendes
Gewicht, erhöhter oder zu niedriger Blutdruck.

Deine Seele wirkt hier auf Erden durch deinen physischen Körper. Die spirituelle Entwicklung des Menschen bedarf einer
stabilen Basis. Das Wurzelchakra verbindet die feinstoffliche
Welt mit der materiellen Welt. Im ersten Lebensjahr eines Menschen entwickelt sich das Basischakra und legt die Grundlage
für Urvertrauen und Geborgenheit. Liegen Energieblockaden

oder Störungen im Wurzelchakra vor, fehlt es Kindern an dem Gefühl der Sicherheit. Im Laufe der weiteren Entwicklung kann dieses Gefühl sich z. B. durch Misstrauen, Wut, depressive Verstimmungen und fehlendes Selbstbewusstsein äußern. Das fehlende Gefühl von Sicherheit führt zu permanenter Anspannung im Körper, was natürlich unheimlich viel Energie kostet und weitere physische Dysbalancen nach sich ziehen kann.

Wenn du die Energie im Wurzelchakra aktivieren und Blockaden lösen möchtest, eignen sich Körperübungen mit erdendem Charakter. Du könntest z. B. barfuß durch eine Wiese gehen, zu Trommelmusik tanzen, dir eine Massage gönnen oder Yogahaltungen üben, welche vor allem mit den Füßen, Beinen und dem Becken arbeiten. Eine erdende Ernährung mit Wurzelgemüse und vollwertigen Proteinquellen nährt auch das Wurzelchakra. Lerne deinen Körper neu kennen und beobachte, wie er auf diese Zuwendung reagiert.

Auf mental-emotionaler Ebene kann es dir helfen, dich mit deinen Ängsten genauer auseinanderzusetzen. Welche Ängste aus der Kindheit wirken noch immer in dir? Um einen Zugang zu frühkindlichen Traumata und tief sitzenden Ängsten zu erhalten, kann es notwendig sein, sich unterstützende therapeutische Hilfe zu holen.

Svadisthana – das Sakralchakra

Das orange leuchtende Sakralchakra befindet sich auf Höhe des Kreuzbeins, im Bereich unterhalb des Bauchnabels und oberhalb der Geschlechtsorgane. Es bedeutet „Süße" oder „lieblich". Ihm wird das Element Wasser zugeordnet, das auch für die Gefühle und Emotionen eines Menschen steht. Die wichtige Frage in Bezug auf das Sakralchakra ist daher: „Was fühle ich?" Die Süße im Leben auszukosten, weich und fließend zu werden, sich hinzugeben und auszudrücken, sind Aspekte des zweiten Chakras. Dies kann alle Lebensbereiche durchziehen, wie z. B. Partnerschaft und Sexualität, Ernährung und Kreativität. So ist das Sakralchakra Quelle der Sinnlichkeit und Lebenslust. Svadisthana ist das Chakra, um in Kontakt mit der weiblichen (Shakti) Energie zu kommen. Es ermöglicht, einen Zugang zum Unterbewusstsein zu finden, um der eigenen tiefen Weisheit auf den Grund zu gehen. Es verbindet den Menschen sehr stark mit seiner eigenen Schöpferkraft, welche nicht ausschließlich mit Fortpflanzung und Geburt zu tun hat, sondern auch den Selbstausdruck in der Welt betrifft (z. B. über die Künste).

Körperlich gesehen wird dem Sakralchakra der Geschmackssinn zugeordnet, sodass die Süße des Lebens über den Genuss wohlschmeckender Speisen und Getränke erfahren werden kann. Alle Körpersäfte stehen mit Svadisthana in Verbindung, wie z. B. Schweiß, Blut, Tränen. Das Sakralchakra wird auch oft als Sexualchakra bezeichnet, da es mit den Sexualorganen und -drüsen (Hoden, Eierstöcke) interagiert.

Kann die Energie im zweiten Chakra nicht frei fließen, zeigt sich dies oft durch fehlende oder übermäßige Lust an Sex, Essen und Emotionen. Wenn die Lust auf Sexualität verschwindet oder im Gegenteil zur Sucht geworden ist, kann die Ursache in einem gestörten zweiten Chakra liegen. Da das Svadisthana-Chakra dem Geschmackssinn entspricht, zeigen sich Blockaden auch im Essverhalten. Fehlende Lebenslust zeigt sich in der Verweigerung von Nahrung (Magersucht) oder unkontrolliertem, übermäßigem Essen und daraus folgender Fettleibigkeit. Auf emotionaler Ebene kommen Gefühle wie Trauer, Neid, Einsamkeit und Eifersucht hoch.

Zeigt sich das Sakralchakra aktiviert in seiner vollen Energie, sprüht man vor Begeisterung, Lebenslust, Neugierde, Vitalität und kreativen Ideen. Auch die Verbindung in zwischenmenschlichen Beziehungen ist zugewandt, tolerant, aufgeschlossen und sinnlich.

Du kannst den Energiefluss deines zweiten Chakras harmonisieren, indem du dich aktiv mit dem Element Wasser verbindest. Nimm ein wohltuendes Bad, geh schwimmen, trinke ausreichend, halte dich am Meer oder einem See auf. Über deine Ernährung kannst du das Sakralchakra unterstützen, indem du orangefarbene Früchte und Gemüse in deinen Speiseplan aufnimmst und ausreichend trinkst, damit alle Körperflüssigkeiten in Bewegung bleiben und Ausscheidungsprozesse begünstigt werden.

Praktiziere Körperübungen, die deinen Beckenboden stärken und die Wirbelsäule flexibel halten. Im Yoga zielen die einzelnen Haltungen darauf ab, die Wirbelsäule jung zu halten, Energien zu aktivieren und die Chakren auszugleichen. Daher ist Yoga immer eine hervorragende Möglichkeit, um mit deinen Chakren und deiner Aura zu arbeiten. Wenn dieses Thema für dich neu ist, praktiziere zunächst mit erfahrenen Yogalehrern, bevor du deine eigene regelmäßige Yogapraxis entwickelst.

Deine Seele möchte sich nicht nur über den Körper, sondern auch sinnlich in dieser Welt ausdrücken. Gefühle und Emotionen sind hierbei ihre wichtigste Sprache. Als Kleinkind will der Mensch die Welt vor allem sinnlich erfahren und der eigenen Lebensfreude Ausdruck verleihen. Im Teenageralter ist das Sakralchakra besonders aktiv, denn erste sexuelle Erfahrungen finden statt, Emotionen sind besonders intensiv und das Selbst, die Persönlichkeit, möchte sich immer mehr kennenlernen und ausdrücken. Dies ist die Zeit, in welcher Blockaden im zweiten Chakra besonders nachhaltig entstehen können, wenn Sexualität und Emotionen abgelehnt oder unterdrückt werden. In späteren Lebensjahren zeigt sich dies oft in Form von Hemmungen, Motivationslosigkeit, fehlender Lebensfreude, schwacher Libido, Krankheiten der Geschlechtsorgane und Angst vor sozialen Interaktionen.

Möchtest du die Lebenslust und Lebensenergie wieder ankurbeln, kannst du dein zweites Chakra energetisch nähren, indem du dich aktiv mit dem Thema Sinnlichkeit auseinandersetzt. In welchen Lebensbereichen kannst du die Welt noch sinnlicher erfahren? Wann hast du dich das letzte Mal mit dem Thema Kreativität beschäftigt? Musizieren, Basteln, Zeichnen und Malen, gemeinsam Kochen sind alles Aktivitäten, die Svadisthana liebt. Solltest du spüren, dass es für dich schwer ist, dich sexuell zu öffnen, Berührung zu genießen, Schuld und Scham dich blockieren, können frühkindliche Erfahrungen zu Blockaden geführt haben, welche du in therapeutischer Begleitung auflösen kannst.

Manipura – das Solarplexuschakra

Das Solarplexuschakra leuchtet goldgelb auf Höhe des Magens und ist dem Element Feuer zugeordnet. Übersetzt bedeutet Manipura „strahlendes/leuchtendes Juwel". Das Sonnengeflecht steht für die Persönlichkeit, das Selbstbewusstsein eines Menschen und wie es sich zum Ausdruck bringt. Die wichtige Botschaft des Solarplexuschakras ist daher: „Ich kann!" Ein starkes Solarplexuschakra drückt sich in Durchsetzungsvermögen, Selbstbewusstsein und Lebendigkeit aus. Hier entsteht das große Bedürfnis, nicht nur in der Welt zu sein und zu fühlen, sondern sie aktiv mitzugestalten. Die Persönlichkeit eines Menschen bzw. das Wesen der Seele strahlt über das Solarplexuschakra in die Welt. Manipura-Chakra, auch Nabelchakra genannt, vereint Macht und Sensibilität. Es fällt leicht, Ziele zu verwirklichen und voller Tatendrang voranzugehen, aber gleichzeitig rücksichtsvoll und mitfühlend seinen Mitmenschen gegenüber zu handeln. Ein starkes Sonnengeflecht erzeugt innere Glücksgefühle, sorgt für starke Nerven und stärkt die Willenskraft. Der Bauch gilt auch als Sitz der Intuition, denn von dort aus wird ein erster Impuls erhalten, um Entscheidungen zu treffen.

Das dritte Chakra verteilt die Lebensenergie (Prana) an den ganzen Körper und sammelt auch Energiereserven für später. Ist die Energie dort jedoch blockiert, fehlt es oft an Selbstbewusstsein, Ehrgeiz und Mitgefühl. Ist die Energie im Sonnengeflecht überschüssig, dominiert das Ich-Bewusstsein und es kommt zu rücksichtslosem Machtstreben, übertriebener Leistungsorientierung, Kontrollsucht und ungesundem Ehrgeiz. Über das Solarplexuschakra ist es möglich, all den abgespeicherten Gedanken- und Verhaltensmustern auf den Grund zu gehen und sich selbst genauer kennenzulernen.

Erlebnisse, die im Alter zwischen fünf und zwölf Jahren gemacht wurden, haben den größten Einfluss auf das Solarplexuschakra. Es geht jetzt darum, zu erkunden und zu verstehen, wer man selbst ist. Kinder lernen in dieser Phase des Heranwachsens, mit herausfordernden Situationen umzugehen und Lösungen zu finden. Blockaden im dritten Chakra entstehen dann, wenn gemachte Erfahrungen auf negative Weise verarbeitet werden. In dieser Entwicklungsphase sind Kritik, Ignoranz, Kontrolle und Konflikte für den Selbstwert und das Selbstbewusstsein besonders prägend. Das kann dazu führen, dass schwierige Lebenssituationen den Menschen überfordern und verzweifeln lassen. Die Folgen können Minderwertigkeitskomplexe, Aggressivität, Machtbesessenheit, depressive Verstimmungen, Selbsthass, Wutanfälle, Unterordnung und eine ausgeprägte Opfermentalität sein.

Körperlich gesehen steht das Nabelchakra in Verbindung mit der Bauchspeicheldrüse, den Nebennieren und dem Sehsinn. Durch das dritte Chakra werden das vegetative Nervensystem und alle Bauchorgane mit Energie versorgt. Besteht eine Störung im Manipura-Chakra, zeigt sich dies durch Übergewicht, Diabetes oder Verdauungsprobleme.

Das Solarplexuschakra liebt die Farbe Gelb. Wenn du es energetisch stärken möchtest, kannst du z. B. gelbe Kleidung tragen oder gelbe Blumen betrachten. Atme immer wieder bewusst in den Bauch ein und aus, um dein Sonnengeflecht zu aktivieren. Ein kurzer Aufenthalt in der Sonne nährt dein drittes Chakra ebenso wie energiereiche Nahrung (Vollkornbrot, Kartoffeln, gelbes Obst und Gemüse). Im Yoga sind vor allem Drehhaltungen hilfreich, da sie die Bauchorgane massieren.

Auf emotionaler und mentaler Ebene kannst du Blockaden im dritten Chakra aufspüren, indem du dich mit den Emotionen auseinandersetzt, die du im Laufe deines bisherigen Lebens unterdrückt hast. Wie sehr konntest du bisher deiner Wut Ausdruck verleihen? Welche Situationen lassen dich verzweifeln? Arbeite daran, dein Selbstwertgefühl zu stärken und dich mit den Themen deines inneren Kindes auseinanderzusetzen. Überprüfe auch, welche Glaubens- und Gedankenmuster du gespeichert hast und zu welchen Handlungen sie führen. Gib dir immer wieder genügend Zeit und Erholung, um deine Energiereserven auffüllen zu können. Durch sportliche Betätigung, die vor allem mit den Bauchmuskeln arbeitet, kannst du dein Nabelzentrum aktiv stärken. Lerne Strategien kennen, die dir helfen, deine Resilienz zu erhöhen und mit den Herausforderungen des Lebens besser umgehen zu können. Entsprechende therapeutische Angebote können dich dabei unterstützen.

Anahata – das Herzchakra

Das Herzchakra bildet das Zentrum der Liebe und bedeutet „unbeschädigt". Es liegt auf Höhe des physischen Herzens, in der Mitte der Brust, und steht in Verbindung mit der Thymusdrüse. Diese ist ein wichtiger Bestandteil des menschlichen Immunsystems, denn sie produziert Hormone, die dieses stärken. Das spirituelle Herzzentrum steht für bedingungslose, göttliche Liebe und vereint die unteren (weltlichen) Chakren mit den oberen (spirituellen) Energiezentren. So liegt in dem Satz „Ich liebe …" sehr viel Kraft, wenn er vom Herzchakra ausgehend gesprochen wird. Ein starkes Anahata-Chakra steht für Liebe, Mitgefühl, Toleranz, Selbstlosigkeit und Herzenswärme. Das sehr bekannte Zitat von Antoine Saint-Exupéry aus „Der kleine Prinz" drückt die Botschaft des Herzchakras wohl am treffendsten aus: „Man sieht nur mit dem Herzen gut. Das Wesentliche ist für die Augen unsichtbar." Alles, was ein Mensch im Laufe seines Lebens in Bezug auf Liebe erfährt, wird über das Herzchakra verarbeitet. Doch die Liebe des Herzchakras kann nicht beschädigt werden, sondern transzendiert die Erfahrungen und das Bewusstsein des Weltlichen. Diese Quelle der Liebe kann niemals versiegen.

Das Herzzentrum ist neben der Thymusdrüse auch mit dem Tastsinn, dem physischen Herzen, der Lunge und dem Herz-Kreislauf-System verbunden. Der Tastsinn bezieht sich dabei nicht nur auf äußere Berührungen, sondern auch auf das emotionale Berühren des Herzens. Störungen im vierten Chakra zeigen sich auf Körperebene durch Lungenerkrankungen, Allergien, Asthma und Erkrankungen des Herzens.

Wenn die Energie im Herzchakra nicht fließt, kann sich ein Mensch nur schwer mit seinen Mitmenschen verbinden. Oft ist es ihm dann nicht möglich, sich empathisch in andere hineinzuversetzen oder

Verständnis für die Gefühle anderer aufzubringen. Gefühle von Isolation, Trennung und Einsamkeit können sich zeigen. Während sich manche Menschen lieber distanzieren, zeigen sich bei anderen Blockaden im Anahata-Chakra durch übermäßiges Aufopfern anderen gegenüber und der Unfähigkeit, gesunde Grenzen zu setzen. Auf der Suche nach Liebe wählen Menschen leider oft den Weg der Sucht (Alkohol, Drogen, Konsum, Essen), um die innere Leere nicht spüren zu müssen. Ein aktiviertes Anahata-Chakra hingegen führt zu wahrer Mitmenschlichkeit und Toleranz, Selbstliebe, Verantwortungsübernahme und spiritueller Liebe.

Die Entwicklung des Herzchakras wird vor allem in den Lebensjahren zwischen zwölf und achtzehn beeinflusst. Nachdem sich die Persönlichkeit (Solarplexuschakra) gefestigt hat, werden nun tiefere Erfahrungen von Liebe möglich. In diesem Lebensabschnitt kann sich das Herz für ein spirituelles Bewusstsein öffnen. Erfährt ein Mensch in dieser Lebensphase emotionale Verletzungen, ist es meist schwierig, der Liebe und damit anderen Menschen wieder zu vertrauen.

Wenn du dein Herzchakra stärken möchtest, kannst du körperliche Übungen durchführen, die deinen Brustraum öffnen. Im Yoga sind dies vor allem Rückbeugen. Die Farbe des Herzchakras ist Grün, sodass du diesem Chakra durch Aufenthalte in der Natur und den Verzehr von grünem Obst und Gemüse viel Gutes tun kannst. Kümmere dich um dich selbst und um andere Lebewesen, sodass dein Herz sich öffnen kann.

Über das Herz lässt sich deine Seele berühren. Wodurch lässt du dich berühren? Was hat dein Herz in der Vergangenheit positiv oder negativ berührt? Sich mit dem Herzchakra auseinanderzusetzen kann ein intensiver emotionaler Prozess sein. Welche emotionalen Verletzungen hast du erlitten? Kennst du deine Sehnsüchte?

Was ist Liebe für dich? Wie sehr kannst du deine Gefühle zulassen? Wichtige Schritte auf dem Weg der Herzheilung und -öffnung sind die Heilung des „inneren Kindes" und Vergebungsarbeit. Gib deinem Herzen Möglichkeiten sich auszudrücken, z. B. über Malen, Tanzen, Musik oder das Schreiben eines Tagebuchs.

Vishudda – das Halschakra

Das Vishudda-Chakra leuchtet hellblau im Bereich der Halswirbelsäule auf Höhe des Kehlkopfes und gilt als Zentrum der Kommunikation. Oft auch als Kehlchakra bezeichnet, ist dieses Energiezentrum dafür zuständig, die oberen Atemwege, die Stimme und auch das Gehör energetisch zu versorgen. Es wird dem Element Äther zugeordnet und bedeutet übersetzt „Reinigung", denn es wirkt sich reinigend auf das Bewusstsein aus, sodass innere Klarheit entstehen kann. Grundsätzlich geht es darum, dass sich die Seele über Worte ausdrücken möchte. So verbindet das Halschakra Gefühl (Herzchakra) und Verstand (Stirnchakra) miteinander und entwickelt im Laufe des Lebens den Selbstausdruck eines Menschen. Dabei spielt auch der Klang der Worte eine entscheidende Rolle, denn „der Ton macht die Musik". Kommunikation bleibt nicht auf das Sprechen allein begrenzt, sondern bezieht auch das aktive Zuhören mit ein. Sprache ist eine Form der Kunst, welche es ermöglicht, der inneren Stimme Ausdruck zu verleihen. Gefühle und Informationen finden ihren Weg nach außen. Das Zuhören hingegen bildet den Weg von der Außenwelt in das Innere des Menschen und kann dort sekundenschnell z. B. emotionale Reaktionen hervorrufen. Ein Wort erweckt Neugierde, inspiriert zu neuen Taten, lässt Erinnerungen aufkommen und löst Emotionen aus. Mit steigendem Bewusstsein wird dem Menschen immer klarer, welche Macht ein einziges Wort haben kann, was dazu führt, achtsamer damit umzugehen. Dabei sind nicht nur die gesprochenen Wörter entscheidend, sondern auch der permanent laufende innere Dialog. Durch Meditation kann dieser hörbar gemacht werden. „Wie spreche ich mit anderen Menschen?", „Spreche ich meine Wahrheit?", „Was will mir mein Gegenüber wirklich sagen?", „Wie spreche ich in Gedanken mit mir selbst?" und „Welche Worte berühren mich besonders?" sind wichtige Reflexionsfragen, die ein besseres Verständnis für die Themen des Vishudda-Chakras kultivieren. Auch Musik kann eine wichtige Rolle in der Arbeit mit dem fünften Chakra spielen, da sie Klang, Wort und Emotion vereint.

Auf körperlicher Ebene ist das Halschakra mit der Schilddrüse, dem Rückenmark, den Stimmbändern, der Speiseröhre und dem oberen Bereich der Atmung verbunden. Blockaden im Vishudda-Chakra äußern sich dadurch, dass einem die Stimme versagt, Heiserkeit und Entzündungen im Hals-Rachen-Bereich. Dysfunktionen der Schilddrüse können ebenfalls Hinweise darauf sein, dass Blockaden und Störungen im fünften Chakra vorliegen.

Ein starkes, aktiviertes Halschakra überträgt seine Energie auf die Stimmbänder, was sich nicht selten in einer sehr angenehmen Stimme, Musikalität, klarer Kommunikation und kommunikativen Geschick zeigt. Der Mensch macht sich auf die Suche, seine eigene Wahrheit zu finden und diese inneren Botschaften anderen mitzuteilen. Die eigene Ausdrucksweise wird immer authentischer und individueller. Im Alter zwischen sechzehn und einundzwanzig entwickelt sich das Halschakra und wird maßgeblich durch kommunikative Erfahrungen geprägt. Durch Kritik, Missverständnis und destruktive Diskussionen können Blockaden entstehen, die auch noch die spätere Kommunikationsweise des Erwachsenen prägen. Dann fällt es oft schwer, die eigenen Wünsche und Bedürfnisse zu äußern, anderen aufmerksam zuzuhören, Ideen verständlich auszudrücken und selbstbewusst zu sprechen. Nervosität bis hin zu

Ängsten können eine gelungene Kommunikation fast unmöglich machen. Negative Aspekte der Sprache können ebenso dominieren, wie z. B. Lügen, Sarkasmus, Lästerei, Selbstinszenierung und Manipulation.

Dein Halschakra kannst du dadurch stärken, dass du schöne Musik hörst, singst und deinem inneren Dialog, z. B. durch Schreiben, Ausdruck verleihst. Durch Meditation erfährst du die nötige Ruhe, um deinen inneren Dialogen lauschen zu können. Praktiziere Körperübungen, welche den Halsbereich öffnen (Rückbeugen und Umkehrhaltungen im Yoga). Leicht verdauliches, reifes Obst liefert die nötige Energie und wichtige Nährstoffe zur Energetisierung der oberen Chakren. Die Farben Hellblau und Türkis nähren dein Chakra ebenso. Du kannst sie in deinen Kleidungsstil integrieren oder entsprechende Bilder (z. B. das türkisblaue Meer) betrachten.

Auf emotional-mentaler Ebene empfiehlt sich eine vertiefte Auseinandersetzung mit der eigenen Wahrheit. Es gilt daher genau herauszufinden, welche Wahrheiten im Laufe des Lebens von anderen Personen (z. B. Eltern, Freunde, Geschwister, Lehrer) übernommen wurden. Die eigene Seelenwahrheit herauszufinden, ist ein Weg der Selbstreflexion, die in die Innenwelt des Menschen führt. Glaubenssätze können für die eigene Entwicklung hinderlich sein, vor allem, wenn sie nicht der eigenen Wahrheit entsprechen. Analysiere dein eigenes Kommunikationsverhalten dahingehend, wann du wirklich wahrhaftig und authentisch sprichst. Entlarve die kleinen Alltagslügen, Inszenierungen und Geschwätzigkeit. Entwickle deine rhetorischen Fähigkeiten weiter, indem du Kurse besuchst oder entsprechende Literatur liest. Erweitere auch deinen Wortschatz, um dich noch klarer und genauer ausdrücken zu können. Therapeutische Unterstützung kann angezeigt sein, wenn es um tief sitzende Ängste vor Ablehnung und Kritik geht. Damit du wirklich zu dir und deiner Wahrheit stehen kannst, ist es wichtig, alte Konditionierungen und Belastungen aufzulösen.

Ajna – das Stirnchakra

Das Stirnchakra, auch als „drittes Auge" bekannt, hat seinen Sitz zwischen den Augenbrauen, oberhalb der Nasenwurzel. Ihm wird das Element Licht oder auch Geist zugeordnet und der Sehsinn. Damit ist aber nicht ausschließlich das Sehen mit den Augen gemeint, sondern auch die intuitive Erkenntnis, die dem physischen Auge oft voraus ist. Das dunkelblaue bis violette Ajna-Chakra bedeutet „wissen" oder „wahrnehmen". Am Stirnchakra kreuzen sich zwei wichtige Energiebahnen (Nadis), nämlich Ida (Mond, das Weibliche) und Pingala (Sonne, das Männliche). Über das Ajna-Chakra ist es möglich, höhere Bewusstseinszustände zu erfahren und übersinnliche Fähigkeiten zu entwickeln, wie z. B. das Hellsehen. Über das sechste Chakra erkennt der Mensch sein höheres Selbst und die Verbindung mit allem Seienden. Die Begrenzung von Dualität und Ego endet hier. Innere Bilder und Visionen können über das dritte Auge besonders lebendig und eindrücklich „gesehen" werden. Ist das Ajna-Chakra in Harmonie, führt diese Klarheit zu tieferen, spirituellen Einsichten. Der täuschende Schleier (Maya), der den Menschen in der Illusion der Trennung und in der materiellen Welt hält, lüftet sich. Das Ajna-Chakra verbindet den Menschen mit seinem Geist und seiner Seele. Welche Sätze bringt das Stirnchakra hervor? „Ich sehe, was meine Seele verwirklichen möchte.", „Ich bin mehr als mein irdischer Körper.", „Ich sehe die Verbindung zu allen anderen Lebewesen, zum gesamten Kosmos."

Ist das Stirnchakra geschwächt, kann es zu Konzentrationsstörungen und geistiger Verwirrtheit kommen. Das Ego steht im Vordergrund, was sich in einem überzogenen Machtstreben und

Selbstsucht äußern kann. Im Alter zwischen einundzwanzig und sechsundzwanzig wird die Entwicklung des dritten Auges am stärksten beeinflusst. Eine Überbetonung des Intellekts kann das Stirnchakra verschließen, Konsum von bewusstseinserweiternden Drogen zu Störungen des Chakras führen.

Auf körperlicher Ebene ist dieses Energiezentrum mit der Hypophyse (Hirnanhangsdrüse) und der Epiphyse (Zirbeldrüse) in Verbindung, welche maßgeblich für die Kontrolle des Hormonhaushalts zuständig sind. Ebenfalls werden dem sechsten Chakra Augen, Nase, Ohren und das Kleinhirn zugewiesen. Bei energetischen Blockaden entsteht ein mentales und emotionales Ungleichgewicht, welches sich in Stress, Stimmungsschwankungen, Ängsten und Alpträumen äußert. Im Körper kann es außerdem zu chronischen Entzündungen, Kopfschmerzen und neurologischen Beeinträchtigungen kommen.

In seiner vollen Kraft entwickelt man den sechsten Sinn, über welchen wahrnehmbar wird, was mit dem bloßen Auge nicht zu sehen ist. Geistige Klarheit, intuitives Wissen und eine erhöhte Gedächtnisleistung stellen sich ein. Gespräche mit der eigenen Seele werden möglich, sodass der Lebenssinn immer klarer wird.

Stärke dein Ajna-Chakra, indem du regelmäßig auf dein drittes Auge meditierst. Wende dich der Fantasie, dem Mystischen zu und führe ein Tagebuch, um deine spirituellen Erkenntnisse zu notieren und/oder Schreibgespräche mit deiner Seele zu führen. Morgenseiten sind hier besonders wirkungsvoll, da sich der Intellekt direkt nach dem Aufstehen noch mit seinen Meinungen zurückhält und du daher einen tieferen Zugang zu deiner Intuition hast. Morgenseiten zu verfassen ist wie eine Art Schreibmeditation, bei welcher du direkt nach dem Aufwachen unmittelbar beginnst alles aufzuschreiben, was dir gerade durch den Kopf geht, ohne es zu bewerten.

Sahasrara – das Kronenchakra

Das violett bis weiß leuchtende Kronenchakra, dargestellt als tausendblättrige Lotusblüte, ist das Zentrum der Spiritualität. Sahasrara bedeutet „tausend" oder „unzählbar". Der Lotus symbolisiert den Aufstieg aus der Dunkelheit zum Licht, denn diese Pflanze wächst aus dem Schlamm empor in Richtung Sonne. Somit ist das Element des Kronenchakras der Kosmos, jetzt verbindet sich das Menschliche mit dem Göttlichen. Sahasrara-Chakra liegt direkt über dem Scheitel, am höchsten Punkt des Kopfes. Damit liegt dieses Chakra im Gegensatz zu den anderen Chakren außerhalb des physischen Körpers. Über die energetische Wirbelsäule Sushumna Nadi sind alle Chakren miteinander verbunden. Die Kundalinienergie steigt vom Wurzelchakra hoch zum Kronenchakra, sodass sich das gesamte menschliche Potenzial entfalten kann. Eine weitere Betrachtungsweise ist, dass die Urenergie (Shakti) aufsteigt, um sich im Kronenchakra mit dem universellen Bewusstsein (Shiva) zu vereinen. Das individuelle Selbst des Menschen vereint sich jetzt mit dem göttlichen Selbst, welches letztlich das Ziel der spirituellen Entwicklung ist. Das Sahasrara-Chakra weist die höchste Schwingung aller Chakren auf. Es geht um die Themen Einfühlung, Erleuchtung, Selbstverwirklichung, Gotteserkenntnis und kosmische Verbundenheit. Die Botschaft des Kronenchakras ist „Ich weiß." Es wurden Antworten auf die Sinnfragen des Lebens gefunden. Eine gewisse Demut gegenüber der universellen Größe ist spürbar. Die höchste Form von Wissen und Weisheit wurde erlangt.

Es ist sehr sinnvoll, an den unterschiedlichen Chakren von unten nach oben zu arbeiten, denn die überwiegende Konzentration auf das Kronenchakra und damit sehr intensive spirituelle Arbeit kann zur Folge haben, dass Spiritualität zum Zufluchtsort aus der Realität wird, was zu depressiver Verstimmung und Isolation führen kann.

Das Sahasrara-Chakra ist auf körperlicher Ebene ausschließlich mit der Epiphyse (Zirbeldrüse) verbunden. Blockaden im siebten Chakra können Nervenleiden, Schlafstörungen und Immunschwäche zur Folge haben. Geistige Erschöpfungszustände, eine innere Leere, Orientierungslosigkeit und Sinnkrise können weitere Symptome auf mental-emotionaler Ebene sein.

Menschen, welche Erleuchtungserfahrungen gemacht haben, berichten von einem tiefen inneren Frieden und einem klaren Verständnis über Spiritualität. Es ist das Ende von Ängsten und Sorgen, es herrscht Harmonie und ein Gefühl von Einheit.

Das Sahasrara-Chakra lässt sich nicht bewusst durch den Menschen steuern, aber dennoch hilft die innere und energetische Ausrichtung auf dieses Chakra, um sich immer mehr in Richtung Einheitsbewusstsein zu entwickeln. Du stärkst dein Kronenchakra, indem du Mantras singst, dich spirituellen Schriften widmest und regelmäßig Meditation übst. Betrachte dich selbst und diese Welt öfter einmal aus der „Vogelperspektive", um einen neuen Blickwinkel auf das Leben zu erhalten. Überlege dir täglich, wofür du in deinem Leben dankbar bist, und erkenne, wie viele Dinge du als selbstverständlich nimmst. Du wirst dich selbst und dein Umfeld bewusster und achtsamer wahrnehmen und automatisch mehr Zeit für deine spirituelle Praxis einplanen. Wie lebst du bisher deine Spiritualität? Was, glaubst du, ist deine Wahrheit? Erkennst du den höheren Sinn in deinem Leben?

Lebensenergie im Fluss – Prana

Prana bezeichnet in der indischen Yogaphilosophie die Lebensenergie, die alles umgibt, durchdringt und in allem enthalten ist. Lebensenergie wird zu jeder Zeit aufgenommen, auch wenn das unbewusst geschieht, denn sehen kann man sie nicht. Es ist

Energie und damit unsichtbar für das menschliche Auge, aber sie ist die Treibkraft, die hinter all den Elementen, dem Stofflichen in der Welt steht. Prana ist lebendig, eine Urkraft, die allem zugrunde liegt. Letztlich ist der gesamte Kosmos eine einzige Manifestation dieser Lebensenergie. Diese universelle Energie ist in Bezug auf die Energiezentren (Chakren), den Energiekörper und die damit verbundene Auraarbeit sehr wichtig.

Übersetzung des Wortes „Prana" suggeriert bereits, welche Wichtigkeit diese subtile Energie für den Menschen hat. Der Sanskrit-Begriff kann als „Lebenskraft", „Lebensenergie" oder „Atem" übersetzt werden. In den östlichen Yogaphilosophien und anderen spirituellen Lehren spielt die Lebensenergie eine sehr große Rolle, weshalb verschiedene Techniken und Übungen gelehrt werden, um Prana zu stärken und zu erhöhen. Eine Möglichkeit ist über die gezielte Atemkontrolle (Pranayama), wodurch Prana erhöht und gezielt gelenkt werden kann. Die Lebensenergie (Prana) wird kontrolliert (yama) und ausgeweitet. Hierbei spielt auch die Gedankenkraft eine entscheidende Rolle, denn die Energietechniken verfehlen ihren Nutzen, wenn Prana mithilfe der Vorstellungskraft nicht in die richtigen (Energie-)Bahnen gelenkt wird. Visualisierung und Meditation sind daher wichtige Methoden im Umgang mit der Lebensenergie. Der Atem ist per se grobstofflich, erst durch bewusste Kontrolle wird auch der feinstoffliche Atem (Prana) kontrolliert.

Lebensenergie fließt nicht frei, sondern innerhalb feinstofflicher Energiebahnen, den sogenannten Nadis, so wie auch im physischen Körper das Blut durch die Adern fließt. Die Yogalehren gehen davon aus, dass es 72.000 bis 350.000 Energiekanäle gibt. Damit ein Mensch gesund und vital ist, muss Prana im Fluss sein. So wie es im physischen Körper zu Störungen (von leichten bis hin zu schweren Erkrankungen) kommen kann, wenn das Blut nicht fließt, gilt dies auch für die Lebensenergie. Besondere Aufmerksamkeit gilt hier vor allem den drei Hauptenergiekanälen Sushumna, Ida und Pingala. Die Chakren stellen wichtige Energiezentren dar, an welchen Energiekanäle entspringen und sich strahlenförmig ausbreiten. Daher werden sie als Blüten oder Sonnen dargestellt. Alle Übungen im Yoga zielen darauf ab, Prana anzuregen, aufzunehmen, zu leiten und abzuspeichern. Lebensenergie lässt sich also durch den Menschen bewusst lenken. Kann Prana ungehindert durch die Hauptenergiekanäle fließen, werden alle Chakren davon genährt und aktiviert.

Die beiden Hauptenergiekanäle Ida (Weiblichkeit, Mond, Shakti) und Pingala (Männlichkeit, Sonne, Shiva) haben ihren Ursprung im Wurzelchakra und kreuzen sich auf dem Weg nach oben in den einzelnen Chakren, bis sie im linken (Ida) und rechten (Pingala) Nasenloch enden. Wie eine Spirale umgeben sie den Energiehauptkanal Sushumna, welcher auf physiologischer Ebene dem Rückenmark der Wirbelsäule entspricht. Ida und Pingala haben beide die Aufgabe, dem Menschen all jene Energie zur Verfügung zu stellen, welche benötigt wird, um das alltägliche Leben zu meistern. Sushumna Nadi hingegen steht für die spirituelle Weiterentwicklung eines Menschen. Durch spirituelle Übungen (Yoga, Meditation) und Energiearbeit mit den Chakren und der Aura wird der Energiefluss des Prana in Sushumna angeregt, sodass das Bewusstsein des Menschen angehoben wird.

Prana bildet das Fundament allen Lebens. Man kann sehr gut spüren, ob etwas wirklich „lebendig" ist. Ist die Lebensenergie eines Menschen besonders hoch, ist dies über die Aura spürbar. Das bereits erwähnte Charisma wirkt magnetisch, anziehend und besonders sympathisch. Oft lässt sich diese Anziehungskraft gar nicht rational erklären. Bei frisch geerntetem Obst und Gemüse spürt man Prana, wenn man es verzehrt. Je länger diese Lebensmittel gelagert werden, desto weniger Lebensenergie ist darin enthalten. Es ist absolut möglich, Prana über die Ernährung aufzunehmen, wenn es frische, saisonale und am besten regionale Kost ist.

Der Mensch kann Prana über die Elemente Feuer, Erde, Wasser, Luft und Äther aufnehmen. Sie stellen Quellen der Lebensenergie dar. Das Feuer (Tejas) steht für die Lichtnahrung des Sonnenlichts, die Erde (Prithivi) liefert die grobstoffliche Nahrung, das Wasser (Apas) dient der Flüssigkeitszufuhr, Luft (Vayu) versorgt den Menschen mit Sauerstoff und Äther (Akasha) nährt über die Energie, die durch Kraftorte und andere Menschen (Beziehungen) weitergegeben wird.

Um deine Lebensenergie zu erhöhen, solltest du all diese Elemente bewusst in dein Leben einbauen und auf eine hohe Qualität achten. Damit erhöhst du Prana nicht nur in deinem Energiekörper, sondern veränderst auch die Beschaffenheit der Lebensenergie zum Positiven.

Du hast bereits Einblick in die Funktionsweise und Themen der Energiezentren erhalten. Da die Chakren Prana sammeln und über die Energiekanäle verteilen, kannst du den Energiefluss durch die dort genannten Übungen ankurbeln und bestehende Blockaden auflösen. Beziehe dabei immer verschiedene Ansätze mit ein, d. h., arbeite mit der Energie auf körperlicher, mentaler, emotionaler und spiritueller Ebene.

Prana weist eine bestimmte Struktur auf, welche bestimmt, wie diese Lebensenergie funktioniert und wohin sie fließt. Hierbei werden fünf Typen unterschieden:

Zwischen dem Zwerchfell und der Kehle ist **Prana Vayu** dafür zuständig, die Bewegungen der Einatmung und des Schluckens nach unten hin zu regulieren. Yoga-Atemübungen wie Wechsel-atmung (Nadi Shodana), Blasebalgatmung (Bhastrika) und die siegreiche Atmung (Ujjayi) unterstützen diesen Pranafluss. Prana Vayu bringt Energie in das Nervensystem, die Atemorgane und wirkt sich positiv auf die Intelligenz aus.

Gedächtnis, Sprache, Willenskraft, der Prozess der Ausatmung und der Energiehaushalt wird durch **Udana Vayu** beeinflusst. Diese Energie wirkt im Halsbereich. Menschen, die voller Begeisterung ihr Leben führen, Projekte umsetzen und Stärke ausstrahlen, besitzen ein starkes Udana Vayu. Zur Aktivierung und Stärkung von Udana Vayu ist die siegreiche Atmung (Ujjayi), Bhramari (Bienenatmung) sowie eine Umkehrhaltung aus dem Yoga (Viparita Karani Mudra) geeignet.

In Magen und Dünndarm wird die Verdauung durch **Samana Vayu** reguliert. Über die grobstoffliche und geistige Nahrung werden Energien aufgenommen, welche entsprechend im Körper verteilt werden müssen. Energieblockaden des Samana Vayu füh-ren zur übermäßigen Fokussierung auf die materielle Welt. Dinge werden gehortet, der persönliche Besitz hat einen sehr hohen Stellenwert und Geiz verhindert das Teilen. Samana Vayu kann gestärkt werden durch die Reinigungsübungen (Kriyas) namens Nauli und Agnisara. Durch bestimmte Bewegungen der Bauch-muskeln werden die Verdauungsorgane stimuliert und Ausschei-dung, Entgiftung angeregt.

Im Herz befindet sich die Energie **Vyana Vayu**, die Muskeln, Gelenke und Kreislauf beeinflusst. Auch sorgt Vyana Vayu dafür, dass die Gedanken in Bewegung bleiben und der Mensch einen eigenständigen, unabhängigen Geist entwickelt. Ist Vyana Vayu gestört, ziehen sich Menschen in die Isolation zurück und kön-nen zwischenmenschliche Verbindungen nicht mehr so leicht eingehen. Um Vyana Vayu zu harmonisieren, werden in die Pranayama-Übungen kurze Anhaltephasen (Kumbhaka) eingebaut. Der Atem wird kurz angehalten, bis der natürliche Atemimpuls wieder einsetzt.

Alle nach unten gerichteten Ausscheidungen von Körperflüssigkeiten werden durch **Apana Vayu** reguliert. Auch „vergiftende" Emotionen und Gedanken werden durch Apana Vayu ausgeleitet. Hier unterstützen ebenfalls die Reinigungsübungen (Kriyas) Nauli und Agnisara. Im Yoga wird bewusst Mula Bandha (aktives Zusammenziehen der Beckenbodenmuskeln) eingesetzt oder Ashvini Mudra (rhythmisches Zusammenziehen der Beckenbodenmuskeln) praktiziert.

Lebensenergie fließt nicht nur von außen in den Energiekörper hinein und verteilt sich dort im System, sie wird auch von innen abgegeben. Hier spielt die Aura eine sehr wichtige Rolle, denn durch sie geschieht Ausstrahlung. Sich mit den Chakren, Nadis und Prana auseinanderzusetzen hilft dir dabei, dein Energiesystem besser zu verstehen und ganzheitlich zu denken. Du siehst, dass es vor allem in der Yogalehre viele Übungen gibt, die darauf abzielen, nicht nur mit und am Körper zu arbeiten, sondern vor allem energetisch. Alles bildet eine Einheit und kann in der Energiearbeit nicht isoliert betrachtet werden. Möchtest du deine Aura stärken, gilt es daher, auch alle weiteren „Energieorgane" im Auge zu haben und aktiv einzubeziehen.

3. DIE AURA SEHEN UND WAHRNEHMEN

Eine Aura sehen und wahrnehmen zu können, ist nicht Menschen mit besonderen spirituellen Begabungen vorbehalten, sondern eine Fähigkeit, die gezielt geübt werden kann. Grundsätzlich besitzt jeder die Anlage dazu, den Energiekörper eines Menschen betrachten zu können. Oft wurde die Fähigkeit lediglich verlernt.

Auch wenn du die Aura noch nicht sehen konntest, hast du sie eventuell schon gefühlt. Energien, ob positiv oder negativ, sind über die Intuition spürbar. Meist fallen dann Sätze wie „Hier ist eine komische Stimmung." und „Ich habe ein komisches Gefühl dabei." oder ein tiefer Seufzer zeigt, dass plötzlich ein Gefühl von innerem Frieden eingekehrt ist. In zwischenmenschlichen Begegnungen wird die energetische Ausstrahlung größtenteils klar wahrgenommen. Die Redewendung „auf einer Wellenlänge sein" drückt aus, dass Auren im Einklang sind. Dann fühlt man sich in Gegenwart dieses Menschen wohl.

Hattest du schon einmal einen plötzlichen Gedanken an eine Person und im nächsten Moment erhältst du eine Nachricht von ihr? Vorahnungen können auch Hinweise darauf sein, dass eine Aura und ihre Informationen selbst über viele Kilometer hinweg wahrnehmbar sind. Die Energie einer Person, die gerade gar nicht anwesend ist, kann sich sehr real anfühlen. Auch das energetische Band, welches in zwischenmenschlichen Beziehungen entsteht, ist fühlbar, selbst für Außenstehende.

Der sogenannte „sechste Sinn", der für das Aurasehen und -wahrnehmen geschult wird, ist bereits vorhanden und muss lediglich wieder bewusst aktiviert werden. Das erfordert Übung und auch ein wenig Geduld. Eine Aura wird durch eine Aura wahrgenommen. Diese Eindrücke können nur schwer durch die menschliche Sprache beschrieben werden. Doch die sinnlichen Erfahrungen sind eine Möglichkeit, der feinstofflichen Wahrnehmung Ausdruck zu verleihen. Jeder Mensch wird hier einen eigenen Zugang haben. Ein und dieselbe Sache kann also ganz anders „gesehen" werden. Das bedeutet, dass zwei Menschen eine Aura komplett unterschiedlich beschreiben können. Es bedeutet jedoch nicht, dass einer der beiden falsch liegen muss. Vielmehr handelt es sich um unterschiedliche Sicht- und Ausdrucksweisen für das gleiche Phänomen. Der menschliche Geist möchte eine Einordnung in Richtig und Falsch. Auf feinstofflicher Ebene ist solch eine Kategorisierung jedoch nicht möglich.

Hier kommt die Intuition ins Spiel, die blitzschnell Eindrücke vermittelt. Intuitiv wird eine Aura bereits gesehen und wahrgenommen. Da die meisten Menschen der modernen Zeit den Fokus vor allem auf rationale und mentale Ausdrucksformen legen, rückt die Intuition in den Hintergrund und die innere Stimme wird ganz leise. Viele tun intuitive Eingebungen ab, weil der Verstand sie nicht erklären kann. Das Bauchgefühl konkurriert mit dem Kopf, und das hinterlässt Verwirrung.

Im folgenden Kapitel erfährst du, wie du deiner Intuition wieder mehr Raum geben kannst, deine Wahrnehmung schärfst und wie sich hellsichtige Fähigkeiten daraus entwickeln können.

Entwicklung der Intuition und Hellsichtigkeit

Das Wort Intuition steht für eine plötzliche Eingebung oder Vorahnung. Oft wird dafür auch die Bezeichnung „Bauchgefühl" verwendet. Die Intuition setzt blitzschnelle Impulse frei, noch bevor der Verstand reagieren kann. Sie analysiert und wertet nicht, sie weiß einfach, was zu tun ist. Eine intuitive Entscheidung kommt nicht aus dem Nichts, sondern bezieht sich auf Erfahrungen und Wissen, welche im Unterbewusstsein liegen. Gerade in Ausnahmesituationen berichten Menschen von instinktiven Handlungen, die sie ausgeführt haben, noch bevor sie die Zeit hatten, darüber nachzudenken, ob das jetzt richtig oder falsch sei. Oft hört man, dass die intuitive Entscheidung im Nachhinein genau die richtige gewesen sei, und auch das Gegenteil, dass bereut wird, nicht dem ersten Bauchgefühl gefolgt zu sein.

Je lauter es im Außen ist, desto schwieriger wird es, die eigene Intuition wahrzunehmen. Sie lässt sich daher vor allem dadurch wiederentdecken, bewusst Momente des Innehaltens und der Stille zu praktizieren. Meistens ist das Bauchgefühl lediglich von zu vielen Gedanken und Emotionen überdeckt, die einfach nicht mehr verarbeitet werden konnten. Der Weg zurück zur Intuition führt daher direkt in die innere Welt.

Der große Unterschied zwischen Intuition und Verstand liegt darin, dass intuitive Impulse souverän und ruhig in das Aufmerksamkeitsfeld des Menschen kommen. Trotzdem können diese Botschaften herausfordernd sein, da sie dazu auffordern, die Komfortzone zu verlassen und Dinge anders zu machen als gewöhnlich. Denn die Seele verfolgt vielleicht ganz andere Ziele als das Ego-Ich.

Der Intuition mehr Raum im Leben zu geben bedeutet, sich selbst wieder zu vertrauen. Es liegt bereits sehr viel Wahrheit in jedem Menschen. Die Frage ist, welchen Impulsen wird die Aufmerksamkeit, das Vertrauen und der Glaube geschenkt?

Stärkst du deine Intuition, trittst du aktiv deinen bisherigen Glaubenssätzen und Ängsten entgegen, die dich sorgenvoll zurückhalten möchten. Der Verstand übermittelt dir immer den gewohnten und für ihn sicheren Weg, die Intuition hingegen verrät dir, welche Schritte notwendig sind, um über dich hinauswachsen zu können. Sie zeigt dir, wo in dir noch Themen sind, die dich daran hindern, dein volles Potenzial auszuschöpfen. Das kann hellsichtige Fähigkeiten einschließen. Je stärker du mit deinen intuitiven Eingebungen arbeitest und vertraut wirst, umso klarer „siehst" du, was dem physischen Auge verborgen bleibt. Die Gabe, eine Aura sehen und wahrnehmen zu können, führt dich daher zunächst auf eine Reise in deine Innenwelt, zu dieser sanften Stimme der Intuition. Sobald du sie wieder stärker wahrnimmst, Erfahrungen damit sammelst und ihr vertraust, öffnen sich dir neue Perspektiven auf die Welt und all die Energie, die in diesem Kosmos fließt.

Die Eingebungen deiner inneren Stimme wollen immer das Beste für dich, denn deine Intuition kennt deine tiefsten Wünsche und Bedürfnisse sehr genau. Sie warten in deinem Unterbewusstsein darauf, wieder sichtbar werden zu können. Damit du dein Bauchgefühl stärken kannst, ist es wichtig, den Unterschied zwischen Verstand und Intuition zu erkennen. Nimm dir regelmäßig genügend Zeit dafür, über deine Gedanken und Gefühle zu reflektieren. Du weißt bereits, dass Warnungen, Ängste, Sorgen und aufgeregte Äußerungen eher dem rationalen Geist entspringen.

Meist reagiert auch dein Körper sofort mit Empfindungen. Sind diese eher von positiver oder negativer Art? Dein Bauchgefühl gibt dir sofort ein klares Ja oder Nein auf eine Frage oder einen anderen Reiz. Es heißt nicht umsonst „Bauchgefühl", befinden sich doch besonders viele Nervenzellen im Bauchraum, welche in Verbindung mit der rechten Gehirnhälfte sofort auf bestimmte Ereignisse reagieren. Beobachte daher immer auch deine Körperreaktionen, sobald es darum geht, eine Situation einzuschätzen.

Das Bestreben des Egos ist es immer, sicher zu sein und zu überleben. Die Intuition ist furchtlos und geht für die Möglichkeit persönlicher Transformation gerne unkonventionelle Wege. Der Verstand liefert innere Bilder, Dialoge und wägt permanent ab. Sobald einmal alles durchdacht ist, beginnt die Gedankenschleife wieder von vorn. Werten, einschätzen, abwägen, den eigenen Vorteil herausarbeiten, verhandeln, Auswirkungen durchdenken etc. sind alles Aktionen des Ego-Ichs. Die Intuition hingegen spricht klar und ruhig, agiert bedacht und weise.

Deine Intuition erhält mehr Raum, wenn du falsche Glaubenssätze aufdeckst und auflöst. Bedenke, dass viele dieser Gedanken gar nicht deine eigenen sind. Dein ganzes Leben lang hast du andere Menschen beobachtet, ihnen zugehört, Ratschläge angenommen, ihr Verhalten kopiert usw. Das ist auch ein ganz natürlicher Prozess, denn als heranwachsender Mensch vertraut man darauf, dass Menschen, die den Lebensweg schon ein paar Schritte weiter und länger gegangen sind, mehr Wissen und Erfahrung haben. Man vertraut darauf, dass es so richtig ist, so sein muss. Doch spätestens jetzt, wo du dich intensiver mit Energiearbeit und der Aura beschäftigst, ist der Zeitpunkt gekommen, ein inneres Interview zu führen und Entscheidungen darüber zu treffen, welchen Aussagen du noch zustimmen kannst. Wenn also das nächste Mal ein Gedanke laut wird, wie z. B. „Ich kann das nicht", kannst du dich in diesen Satz hineinfühlen und dich zurückerinnern, wann du ihn zum ersten Mal in deinem Leben gedacht oder gesagt hast. Du wirst feststellen, dass dich Glaubenssätze meistens in deine Kindheitserfahrungen zurückführen. Durch diese vertiefte Reflexion kannst du viel über vorherrschende Glaubensmuster erfahren, und oft hilft bereits die Bewusstwerdung dabei, einen Glaubenssatz aufzulösen. Du entscheidest, ob es deine Wahrheit ist und ob du diesen inneren Satz weiter glauben und danach handeln möchtest. Solche Glaubensmuster aufzulösen, braucht Zeit und Geduld. Begegne ihnen mit Nachsicht und Verständnis, denn sie sind nicht aus bösem Willen entstanden, sondern um dich zu beschützen.

Jetzt gehst du den Weg, deine Fähigkeiten und dein Potenzial zu entfalten, deinen tiefen Wünschen und Sehnsüchten Gehör zu schenken. Du hast jetzt die Möglichkeit, dein „Fixed Mindset", welches starr aus der Vergangenheit übernommen und wiederholt wurde, in ein „Growth Mindset" zu verwandeln. Du wirst mit der Zeit bemerken, dass diese innere Arbeit mit deiner Intuition zu interessanten Veränderungen im Außen führen wird. Plötzlich können sich ganz neue Möglichkeiten ergeben, die vorher nicht in Aussicht waren. Was ist wirklich gut und wichtig für dich?

Stärke deine Intuition

Du kannst in deinem Alltag verschiedene Übungen integrieren, um dich regelmäßig mit deiner Intuition zu verbinden und sie zu stärken. Die wohl wichtigste Voraussetzung, um der inneren Stimme aufmerksam lauschen zu können, ist das Herunterregulieren des inneren und äußeren Lärms. Verbringe bewusst Zeit in der Stille, auch wenn sich dies zu Beginn vielleicht unangenehm oder ungewohnt anfühlt. Wir haben uns so sehr daran gewöhnt, ständig in und mit einem Geräuschteppich zu leben, dass eine plötzliche Stille ein völliges Kontrastprogramm darstellt.

Meditation – der eigenen Intuition bewusst werden

Meditation ist eine der wirksamsten Möglichkeiten, um den durchgehend ablaufenden Gedankenstrom zu beruhigen. Dann tritt er in den Hintergrund und übergibt der inneren Stimme die Bühne. Wenn du für dich keinen Ort der absoluten Stille finden kannst, ist auch ein Platz in der Natur geeignet. Die natürlichen Geräusche des Windes, der Bäume und der Vögel beruhigen uns eher, statt permanente Gedankenketten und Reaktionen zu aktivieren. Meditation ist keine abstrakte und komplizierte Technik. Jeder Mensch kann meditieren und so den Geist beruhigen. Auch der Körper entspannt sich, wird wieder „weicher". In Kapitel 6.3 findest du die Anleitung für eine Meditation, um dich aktiv mit deiner Intuition zu verbinden und sie zu stärken.

Bewusster Einsatz der Intuition im Alltag

Wenn du den Unterschied zwischen Verstand und Intuition in der Stille (z. B. durch Meditation) kennengelernt hast, geht es anschließend darum, das Vertrauen zur inneren Stimme aufzubauen. Das geht letztlich nur dadurch, dass du positive Erfahrungen damit sammelst. Im Alltag geht es nicht darum, jede Entscheidung nur noch aus dem Bauch heraus zu treffen. Es sollte immer eine Einheit von Kopf-, Herz- und Bauchentscheidung sein. Doch manchmal widersprechen sich diese Entscheidungsinstanzen. Jetzt, wo du besser unterscheiden kannst, woher deine Gefühle und Gedankenimpulse kommen, kannst du deine Intuition gezielt trainieren. Wähle dafür einen Lebensbereich aus, in welchem du kleine Entscheidungen zu treffen hast und ein intuitives Handeln keine bahnbrechenden Veränderungen herbeiführen würde. Wie wäre es zum Beispiel in Bezug auf die Ernährung, den Medienkonsum oder die Kleiderwahl? Stelle dich dafür vor deinen Kühlschrank, dein Bücherregal oder den Kleiderschrank und frage dich selbst: „Was möchte ich jetzt essen/lesen/tragen?", „Was tut mir jetzt gut?", „Was brauche ich gerade?" Achte wieder ganz genau auf deinen ersten Impuls, der aus dem Bauch heraus hochkommt und folge ihm. Wie hat es sich für dich angefühlt, deiner Intuition zu vertrauen? Was hat sich dadurch verändert? Welche „Kettenreaktion" löste diese Entscheidung aus?

Lasse es zur Gewohnheit werden, dass du dir selbst solche Fragen bewusst stellst, bevor du in Aktion trittst. Der Alltag vieler Menschen zwingt sie dazu, nur noch rationale Entscheidungen zu treffen. Manche sind so überfordert davon, dass sie gar nicht mehr selbst entscheiden können und andere es für sie übernehmen. Eine starke Verbindung zur eigenen Intuition schützt dich vor Fremdbestimmung und Überforderung. Du wirst deine Meinung klarer vertreten können und entwickelst ein feines Gespür für die Energie, die hinter einem Wort, einer Handlung und einem Gefühl liegt. Das kann nicht nur sehr hilfreich im Umgang mit dir selbst, sondern auch in zwischenmenschlichen Beziehungen sein. Gönn dir Zeiten, in denen du dich deinem intuitiven Flow vollkommen hingeben kannst und der rationale Verstand eine Auszeit bekommt. Welche Tage oder Tageszeiten würden sich besonders dafür eignen? Vergiss dabei nicht, dass deine Intuition immer das Beste für dich will. Sie unterstützt dich in deiner nachhaltigen Transformation.

Dein Vertrauen in deine Intuition wird dadurch wachsen, dass du zunehmend die Erfahrung machen wirst, dass sich deine intuitiven Entscheidungen mit dir im Einklang anfühlen. Du spürst viel öfter Weichheit statt Widerstand. Zusätzlich wirst du Synchronizität in deinem Leben wahrnehmen. Das bedeutet, dass es zu Ereignissen kommen kann, die, rein äußerlich gesehen, keinen gemeinsamen Ursprung haben, aber trotzdem einen Sinn ergeben. Rein rational betrachtet, würde man von einem Zufall sprechen. Doch deine innere Stimme sagt dir, dass es sich hierbei um ein „Zeichen" für dich handeln muss. Du verstehst sofort, wie die

Ereignisse zusammenhängen und dass sie dir aufzeigen wollen, wo es für dich langgeht. Für den Verstand ist das nicht erklärbar. Wenn du beginnst, immer mehr nach deiner intuitiven Wahrheit zu leben, strahlst du über deinen Energiekörper dein wahres Selbst aus. Alles im Kosmos ist Energie und deine Schwingung wird sich genau mit der dazu passenden verbinden und Dinge in dein Leben holen, die perfekt zu dir passen.

Ajna-Chakra – öffne und stärke das dritte Auge
Das Stirnchakra gilt als Sitz der Seele und das Auge der Intuition. Ist das dritte Auge geöffnet, entsteht eine direkte Verbindung zur Intuition und zu tieferen Erkenntnissen, die über den Verstand hinausgehen. Wenn Körper, Geist und Seele im Einklang sind, erhöht sich auch die Sensibilität der Wahrnehmung. Es ist daher naheliegend, dass du dem Ajna-Chakra besonders viel Aufmerksamkeit zukommen lassen solltest, um deine innere Stimme wieder zu hören und ihr vertrauen zu können. Gerade für die feinstoffliche Arbeit mit deiner Aura ist das Auge der Intuition besonders wichtig, da du darüber besonders sensitiv und subtil feinstoffliche Energie spüren kannst.

Wie du bereits im zweiten Kapitel über die Chakren erfahren hast, liegt das Stirnchakra zwischen deinen Augenbrauen. Dominiert der Verstand, ist das dritte Auge meist verschlossen und nicht wahrnehmbar. Es ist das Tor zu deinem wahren Sein und deiner Spiritualität. Es steht in Verbindung zur Zirbeldrüse, welche auch als „Hauptsitz der Seele" (René Descartes) beschrieben wird. Hier verbinden sich Himmel und Erde, die feinstoffliche und die grobstoffliche Welt.

Wie würdest du deine Intuition bisher einschätzen? Nimmst du Dinge wahr, die deine physischen Augen nicht sehen können? Spürst du Stimmungen bei anderen Menschen oder in Räumen?

Konntest du bereits Erfahrungen mit Vorahnungen machen? Wie sicher triffst du deine Entscheidungen und aus welcher Instanz (Kopf, Herz, Bauch)?

Deine intuitiven und auch hellsichtigen Fähigkeiten werden sich durch die Zuwendung zu deinem dritten Auge entfalten und verbessern. Dann fällt es dir leichter, dein wahres Selbst zu erkennen, aber auch andere Menschen besser verstehen zu können. Feinstoffliche Phänomene wahrzunehmen ist für dich dann keine Ausnahme mehr, sondern gehört zu deinem Alltag. Aura, Chakren und Prana bleiben keine leeren Begriffe, sondern du machst damit gelebte Erfahrungen. Die Schwingung deines Umfeldes wird für dich spürbar und du weißt intuitiv, an welchen Orten du dich wieder energetisch reinigen und aufladen kannst.

Zwischen der Hypophyse (Hirnanhangdrüse) und der Epiphyse (Zirbeldrüse) besteht ein Magnetfeld, das auf einer ganz bestimmten Frequenz vibriert. Das Ajna-Chakra weist die Farbe Dunkelblau (Indigo) bis Violett auf, sodass du über diese Farbfrequenz dein drittes Auge stimulieren kannst. Suche dir Bilder in diesen Farben, Kleidungsstücke oder male damit, um das Stirnchakra zu stimulieren. Du kannst auch einfach die Augen schließen und dir diese Farben vor deinem inneren Auge vorstellen.

Mit deinem dritten Auge verbindest du dich auch über die Schwingung des Mantras „OM". Es trägt die Urschwingung und somit die Essenz aller Mantras in sich. Chante es selbst, höre dir das Mantra an oder rezitiere es innerlich, während du dich auf dein Ajna-Chakra konzentrierst.

Das Auge der Intuition ist für regelmäßige Meditation besonders empfänglich. Du musst dafür nicht viel Zeit einplanen. Lieber täglich ein paar Minuten bewusste Verbindung mit deinem dritten

Auge, als stundenlange Meditationssitzungen, die du nur sporadisch durchführst.

Kultiviere eine Haltung der Achtsamkeit und nutze während des Tages immer wieder kurze Pausen, um dich bewusst zu fragen, was du gerade über dein drittes Auge, deine Intuition wahrnimmst. Entwickle so dein subtiles Gespür für dich und die dich umgebenden Energien. Überprüfe, ob du gerade im gegenwärtigen Moment bist oder deine Gedanken in der Vergangenheit und Zukunft verweilen. Hole dich durch den Fokus auf dein drittes Auge sanft zurück in das Jetzt.

Deine Intuition kommuniziert mit dir nicht nur tagsüber, sondern auch in der Nacht über deine Träume. Während dein Unterbewusstsein wach ist, schläft jetzt dein Tagesbewusstsein. Der Verstand legt eine Pause ein. Jetzt werden all die Eindrücke des Tages verarbeitet und sortiert. Lege dir ein Traumtagebuch neben dein Bett und schreibe dir gleich nach dem Aufwachen auf, woran du dich noch erinnerst. Kannst du Zusammenhänge zu Themen sehen, die dich gerade beschäftigen? Welche Bilder oder Metaphern kamen in deinem Traum vor? Führe dein Traumtagebuch für einen längeren Zeitraum, um die Zusammenhänge besser verstehen zu können.

All diese Übungen können dir dabei helfen, deine intuitive Wahrnehmung zu schulen. Vergiss nicht, dass das Ajna-Chakra Himmel und Erde miteinander verbindet. Wenn du viel auf dein drittes Auge meditierst, ist es wichtig, dich anschließend wieder zu erden, z. B. durch einen Spaziergang, barfuß gehen, ätherische Öle, ein Bad oder erdende Kost. Je höher sich dein Bewusstsein entwickelt, desto tiefer sollten deine Wurzeln hier auf Erden sein. In Kapitel 6.4 findest du die Meditation zur Öffnung des dritten Auges.

Entwickle deine hellsichtigen Fähigkeiten

Hellsichtigkeit ist eine Fähigkeit, das Übersinnliche wahrzunehmen. Das bedeutet, dass sich feinstoffliche Phänomene und zukünftige Ereignisse außerhalb der grobstofflichen Sinneswahrnehmungen zeigen. Manchmal wird auch der Begriff „Clairvoyance" (clair – hell, voyance – sehen) für diese Gabe benutzt. Hellsichtige Fähigkeiten sind nicht nur besonders sensitiven Menschen vorbehalten, sondern können durch Ausbildung und Übung erlernt werden. Dies ist wichtig, da der eigene Wille hierbei eine tragende Rolle spielt, um souverän und sicher mit feinstofflichen Energien umgehen zu können.

Wie sich diese hellsichtigen Fähigkeiten bei einzelnen Menschen zeigen, kann sehr unterschiedlich sein. Beim Hellsehen können Informationen in der Vergangenheit, Gegenwart oder Zukunft gesehen und interpretiert werden. Dafür können auch Hilfsmittel, wie z. B. Tarotkarten, benutzt werden. Es sehen nicht die physischen Augen, sondern das geistige Auge sieht z. B. Bilder, Symbole, Botschaften, Worte und ganze Szenen. Um diese entsprechend deuten und verstehen zu können, ist die Schärfung der fünf Sinne wichtig, denn dadurch erhält auch der sechste Sinn seine Kraft und die Unterschiede in der Wahrnehmung werden deutlich. Der Blick in die Zukunft kann helfen, eine richtige Entscheidung zu treffen. Die gegenwärtigen Handlungen werden durch das Hellsehen beeinflusst. Es ist kein direktes Eingreifen in die Zukunft, sondern eine bewusste Wahl für eine mögliche Zukunft.

Gerade zu Beginn der Entwicklung hellsichtiger Fähigkeiten wird der Wahrheitsgehalt dieser Botschaften oft hinterfragt. Noch fehlt das Vertrauen in die eigenen Fähigkeiten. Sicher braucht es Erfahrungen und positive Bestätigungen, bis sich der

Glaube daran gefestigt hat. Aufgrund der Sensitivität kann die grobstoffliche Welt mit all ihren Reizen Menschen mit hellsichtigen Fähigkeiten schnell überfordern. Es gilt also Wege zu finden, gut mit den Energien zu haushalten und sich energetisch zu reinigen, denn Isolation sollte nicht die Konsequenz sein, wenn sich die Übersinnlichkeit entwickelt. Regelmäßige Entspannungsübungen und aktive Erdung sind hierbei sehr wichtig. Wie auch bei anderen Talenten kann es unterschiedlich lange dauern, Hellsichtigkeit zu erlangen. Es erfordert Geduld, Durchhaltevermögen und Ausdauer, die Übungen zu wiederholen. Ein Vergleich mit anderen Menschen wäre kontraproduktiv. Es gibt Personen, die bereits früh merken, dass sie spontane Eingebungen haben und Dinge „sehen", die anderen verborgen bleiben. Es ist ein sehr individueller Prozess, sich mit diesen Fähigkeiten auseinanderzusetzen und sie zu trainieren, und es kann sein, dass einige Menschen tiefere Ebenen der Hellsichtigkeit erreichen können als andere. Doch grundsätzlich hat jeder die Möglichkeit, übersinnliche Fähigkeiten auszubilden. Sicher werden nicht alle Wahrnehmungen sofort „richtig" interpretiert. Auch hier braucht es einen gewissen Erfahrungsschatz und Übung, bis ein souveräner Umgang damit möglich ist. Mit der Zeit wird es möglich, das Hellsehen gezielt und kontrolliert dann einzusetzen, wenn es nötig ist. Hellsichtige Eingebungen können je nach Person stark in ihrer Ausdrucksweise variieren, denn es wird nicht allen der gleiche Film präsentiert, vielmehr sind es unterschiedliche Filme, die sich dem gleichen Thema aus unterschiedlichen Blickwinkeln widmen.

Hellsichtigkeit kann auch bedeuten, feinstoffliche Wesenheiten wahrzunehmen, mit ihnen zu kommunizieren und Informationen zu erhalten. Vor allem Kinder haben noch einen freien Blick auf solche Wesen, während sich die Eltern über die „unsichtbaren Freunde" wundern. Diese nicht-körperlichen Wesen können

Geistführer, Lehrer, Verstorbene, Elementarwesen, Pflanzendevas und Naturgeister sein. Menschen, die intensiv mit Energien und ihrer Hellsichtigkeit arbeiten, gehen gezielt in Kontakt mit diesen Wesenheiten, um für sich selbst oder Klienten wichtige Hinweise für eine Situation erhalten zu können.

Innere Bilder können bei Hellsichtigkeit in Form von Symbolen auftauchen, die komprimierte Informationen enthalten und Spielraum für die Interpretation lassen. Dies können allgemein bekannte Symbole sein, aber auch Metaphern, die es zu entschlüsseln gilt. Gerade zu Beginn der Entwicklung hellsichtiger Fähigkeiten zeigt sich eine bildhafte, symbolische Sprache der Seele. Auch wenn sich nicht auf den ersten Blick erkennen lässt, welche Botschaft übermittelt werden soll, kann sich diese zu einem späteren Zeitpunkt zeigen. Träume können einen Hinweis auf hellsichtige Fähigkeiten geben. Werden im Traum Geschehnisse erlebt, die sich anschließend auch im Wachzustand wiederholen, kann diese Vorahnung als Hellsehen bezeichnet werden. Viele kennen dieses Phänomen als Déjà-vu. Im Traum können auch unbekannte Menschen auftauchen, die später im Leben real getroffen werden. Die Intuition wird sich sofort melden, wenn sie den Zusammenhang verstanden hat.

Die Aura wird vor allem durch Farbe und Form wahrgenommen. Ein geöffnetes drittes Auge und Übung der physischen Augen ermöglichen, den feinstofflichen Körper zu sehen. Die Aura kann durch eine mentale Vision bei geschlossenen Augen oder im peripheren Sichtfeld betrachtet werden. Hier gibt es unterschiedliche Herangehensweisen Hellsichtiger.

Wie kannst du nun beginnen, deine hellsichtigen Fähigkeiten zu schulen? Der erste Schritt erfolgt, wie bereits beschrieben, über die Intuition. Übe und reflektiere hier regelmäßig, um diese Verbindung zu stärken, deine Sinne zu schärfen und sensitiver für feinstoffliche Phänomene zu werden. Deine innere Stimme bildet sozusagen die Basis für das Hellsehen. Dadurch bist du schon wichtige Schritte gegangen, um aufmerksam zu erfassen und zum Ausdruck zu bringen, was du spürst. Deine Intuition kommt aus dem Unterbewusstsein und reagiert auf die Wahrnehmungen im Außen. Es ist eine tiefe Wahrheit darüber, was die feinstoffliche Welt betrifft. Wenn du ein gutes Gespür für Menschen hast, ein Gefühl, auch ohne Worte verstehen zu können, ist das ein Zeichen dafür, dass du intuitiv mit der Person interagierst. Im Unterbewusstsein haben sich bereits sehr viele Erfahrungen abgespeichert, auf deren Grundlage eine Situation mehrperspektivisch betrachtet werden kann. Innere Bilder tauchen auf und kommen im Bewusstsein an, um wichtige Informationen liefern zu können. Deine Empathie, Sensitivität und Intuition, dein Einfühlungsvermögen sind bereits vorhanden und lassen sich weiter zu hellsichtigen Fähigkeiten ausbilden, sodass du in der Lage sein wirst, ebenfalls ein Gefühl für den Energiekörper des Menschen zu erhalten.

Weitere hilfreiche Schritte zur Entwicklung der Hellsichtigkeit sind:

➢ Erlerne Entspannungsmethoden, wie z. B. Yoga oder progressive Muskelentspannung, und baue sie, so oft es geht, in deinen Tagesablauf ein. So kommt der Geist zur Ruhe, der Körper entspannt sich und die Kanäle zum Empfang übersinnlicher Informationen öffnen sich.

➢ Verbinde dich mit deiner Atmung. Beobachte sie bewusst und erfahre, wie du deine Schwingung über den Atem verändern kannst. Erlerne Atemtechniken (Pranayama), um deine Lebensenergie bewusst erhöhen und lenken zu können.

➢ Die wohl wichtigste Methode, um die Hellsichtigkeit zu entwickeln, ist das regelmäßige Praktizieren von Meditation. Das dritte Auge wird gestärkt und du erhältst Zugang zu deiner Intuition. Deine spirituelle Weiterentwicklung wird durch das Meditieren besonders gefördert.

➢ Durch Meditation wird sich deine Konzentration erhöhen. Du kannst aber zusätzlich Übungen machen, um deinen Geist zu trainieren und fit zu halten. Nutze verschiedene Möglichkeiten des Gehirnjoggings, um täglich dein Gedächtnis zu schulen.

➢ „In einem gesunden Körper wohnt ein gesunder Geist." (Juvenal) Halte deinen physischen Körper fit und beweglich. Dadurch erhöhst du deine Energie und den Energiefluss.

➢ Achte auf deine Emotionen und gib ihnen den Raum, sich zeigen zu können. Kinder besitzen noch die Fähigkeit, Emotionen (Energie in Bewegung) schnell zu durchleben. Erwachsene halten oft sehr lange an ihnen fest, was sich vor allem bei Traurigkeit, Wut, Zorn, Neid, Eifersucht etc. hemmend auf die Entwicklung des Hellsehens auswirken kann. Verarbeite deine Emotionen aktiv durch Schreiben, Tanzen, Sprechen usw. Was könnte deine Stimmung anschließend wieder anheben? Welche äußeren Reize oder Gedanken haben zu dieser Emotion geführt? Wie kannst du konstruktiv, optimistisch über die Situation denken?

➢ Verbinde dich, so oft es geht, mit der Natur. Erde dich dort und suche deine Kraftplätze auf. Beobachte die Zyklen der Natur und die deines Körpers. Wie sehr kannst du im Einklang damit leben, anstatt gegen diese Zyklen zu arbeiten?

➢ Pflege dich äußerlich und innerlich. Frage dich mehrmals am Tag, was du gerade brauchst und was dir guttut. Verändere deinen Fokus immer mehr in Richtung Selbstliebe, statt dem inneren Kritiker zuzuhören, der alte Glaubenssätze wiederholt. Gib dir selbst Liebe und Zuwendung, so wie du sie deiner Familie, deinem Partner und deinen Freunden zukommen lässt. Lass die Härte gegen dich selbst fallen und lerne dich neu kennen, deine Schönheit, Weisheit, Kreativität usw. Werde immer mehr zu dem Menschen, der du wirklich bist. Die Beobachtung deiner Innenwelt und die Stärkung deiner Intuition helfen dir dabei. Kannst du dich als Seele sehen, die eine menschliche Erfahrung auf Erden macht?

➢ Bilde dich weiter, indem du Kurse oder Ausbildungen zu spirituellen Themen besuchst. Öffnest du deinen Horizont, öffnen sich auch deine Sinne und dein Verständnis für die feinstoffliche Welt. Sammle Erfahrungen mit verschiedenen spirituellen Lehren und Methoden. Intuitiv spürst du sehr genau, wohin es dich zieht.

➢ Verbessere deine intuitiven Fähigkeiten, indem du dir gezielt Fragen stellst und deine spontanen Antworten aufschreibst. Es braucht nur ein paar Minuten und einen ruhigen Ort, um diese Übung durchzuführen. Wähle Fragen aus, die deine nächste Zukunft betreffen, also am besten die kommenden Tage. So kannst du relativ schnell darüber reflektieren, zu welchem Ergebnis eine intuitive Entscheidung führte, solltest du deinem Bauchgefühl gefolgt sein.

➢ Nutze das intuitive Malen oder Zeichnen, um deinen inneren Impulsen Ausdruck zu geben. Auch hier kannst du vorher eine Frage stellen, anschließend Stifte oder

Pinsel nehmen und spontan erscheinende innere Bilder und Symbole skizzieren, die du hinterher interpretierst.

➢ Führe ein Traumtagebuch. Notiere die spontanen Träume. Probiere auch aus, dich vor dem Schlafen auf eine bestimmte Fragestellung zu konzentrieren. Du kannst dir auch eine bestimmte Situation vorstellen, welche dich aktuell in deinem Leben beschäftigt. Sei gespannt, welche Antworten dir deine Träume in dieser Nacht bringen werden. Diesen Vorgang kannst du mehrere Tage hintereinander wiederholen. Auch Tagträume schreibst du in dieses Traumtagebuch auf, selbst wenn dir die Zusammenhänge und Bedeutungen noch nicht klar sind.

➢ Übe das „Blindlesen". Dafür schreibst du verschiedene Lösungsmöglichkeiten zu einer Frage oder Situation auf unterschiedliche Papiere. Mische sie anschließend und lege sie umgedreht vor dich hin. Konzentriere dich jetzt sehr stark auf deine Frage. Du kannst dabei die Augen schließen. Schwebe mit den Händen dicht über den ausgebreiteten Papieren und lausche deinem Bauchgefühl. Vielleicht kannst du erahnen, über welcher Lösung du dich gerade befindest. Zu welchem Papier zieht es dich am meisten hin? Drehe es um und sieh dir das Ergebnis an. Passt die Lösung zu deiner Frage? Konntest du sie vorher erahnen?

➢ Die Vorstellung, hellsichtige Fähigkeiten zu haben, kann Unsicherheiten und Ängste hervorrufen. Vielleicht beunruhigt es dich, Phänomene wahrnehmen zu können, die du vorher nicht sehen konntest. Es kann auch sein, dass du Angst vor den Äußerungen anderer hast, wenn du offen deine Erkenntnisse oder Fähigkeiten teilst. Solche Ängste blockieren die Entwicklung der Hellsichtigkeit. Durch die verschiedenen Übungen wirst du aber immer selbstsicherer werden. Gehe kleine Schritte, aber geh voran. Kreiere dir innerlich (Visualisierung, Meditation) und äußerlich (Kraftort, Meditationsplatz) einen sicheren Raum. Gehe deinen Ängsten auf den Grund und finde heraus, wann und warum sie in der Vergangenheit entstanden sind.

➢ Visualisierungsübungen helfen dir dabei, innere Bilder klarer sehen zu können. Schließe immer wieder einmal die Augen, um dir bewusst Gegenstände, Menschen oder Szenen vorzustellen. Es ist wie Träumen, nur ganz bewusst.

➢ Arbeite gezielt an deiner Fragetechnik. Deine Fragen sollten spezifisch und genau gestellt sein.

➢ Meditiere regelmäßig auf dein drittes Auge, das Ajna-Chakra, sodass du dich mehr und mehr damit verbindest und es sich öffnet. Du kannst dich immer vor einer Fragestellung kurz deinem dritten Auge zuwenden.

➢ Trainiere deine grobstofflichen Sinne. Mache kleine alltägliche Spiele daraus, z. B. etwas mit geschlossenen Augen zu schmecken, zu riechen, zu ertasten oder zu hören. Schärfe deinen Sehsinn durch längeres Betrachten eines Gegenstandes. Wie viele Details fallen dir nach und nach auf, die du vorher gar nicht wahrgenommen hast?

➢ Höre deine innere Stimme. Arbeite immer wieder daran, die Geräusche im Außen und Innen so leise wie möglich zu drehen und erforsche deine innere Stimme. Stelle ihr Fragen und lausche dem, was da kommen will. Wie nimmst du deine innere Stimme wahr? Schickt sie dir eher Worte, Bilder, Gefühle oder eine Mischung aus allem?

➢ Trainiere die Wahrnehmung deiner Gefühle. Verändert sich deine Gefühlslage, solltest du kurz innehalten und nach innen blicken. Woher kommt dieses Gefühl und wie würdest du es beschreiben? Du kannst auch mit einer anderen Person üben, der du vertraust. Du kannst ihr in die Augen blicken und erfühlen, wie es ihr gerade geht. Sprich aus, was dir deine Intuition in diesem Moment an Informationen übermittelt, aber bewerte sie nicht. Sprecht im Anschluss darüber, inwieweit deine Wahrnehmung mit dem Gefühl dieser Person übereinstimmte.

➢ Übe dich im automatischen Schreiben. Meditiere kurz und gib deinem Verstand zu verstehen, dass er jetzt nur noch Beobachter sein wird. Stelle eine für dich wichtige Frage und schreibe drauflos. Die Sätze mögen dir sinnlos vorkommen, bleib trotzdem dran. Es kann etwas dauern, bis du in den Schreibfluss kommst. Du wirst diesen Moment spüren, wenn plötzlich das Schreiben automatisch abläuft und sozusagen „durch dich" geschrieben wird. Du empfängst über deine Intuition, deine Hand macht das Empfangene durch Schrift sichtbar. Lass alles herausfließen, bis der Moment gekommen ist, an dem keine Eingebungen mehr kommen. Bearbeite den Text anschließend, indem du wichtige Wörter markierst, Zusammenhänge herstellst, Metaphern untersuchst usw. Lies dir den Text zu einem späteren Zeitpunkt noch einmal durch. Wie betrachtest du diese Botschaften jetzt? Was ist zwischenzeitlich in deinem Leben passiert?

➤ Grundsätzlich ist es sehr wertvoll, all deine Erfahrungen, Erkenntnisse und Fortschritte auf deinem Entwicklungsweg niederzuschreiben. Im Rückblick wirst du den roten Faden erkennen können, der sich durch deine Aufzeichnungen zieht. Du bemerkst Details, die dir vorher nicht aufgefallen sind. Du entwickelst Vertrauen in deine Hellsichtigkeit, weil du schwarz auf weiß siehst, wie sich viele deiner Vorhersagen ereignet haben.

➤ Suche dir ein passendes und unterstützendes Netzwerk. Wenn du dich für Energiearbeit und Hellsichtigkeit interessierst, bist du damit nicht alleine. Viele Menschen verspüren den Ruf, sich mit diesen Themen auseinanderzusetzen, sich spirituell weiterzuentwickeln und ihr Leben dadurch zu verbessern. In Zeiten der sozialen Medien und des Online-Zugangs zu allem Wissen ist ein Vernetzen schnell möglich. Achte hierbei auf die Seriosität von Gruppen und den wohlwollenden Umgang. Vielleicht gibt es auch an deinem Wohnort Angebote, wo sich Menschen direkt treffen, um sich auszutauschen und sogar miteinander Übungen durchzuführen. Durch die intensive Beschäftigung mit deinem Energiekörper werden Synchronizitäten stattfinden, sodass du plötzlich genau die richtige Person triffst oder das passende Buch liest, das dich zu deinem Netzwerk führen wird.

Unterschiedliche Techniken zum Sehen der Aura

Um die eigene oder eine fremde Aura sehen und wahrnehmen zu können, gibt es verschiedene Möglichkeiten der Herangehensweise. Diese ist sicherlich sehr individuell und auch davon abhängig, wie sehr die Intuition bereits wahrgenommen, ihr vertraut und mit ihr zusammengearbeitet wird. Die hellsichtigen Fähigkeiten sind hilfreich beim Aurasehen, jedoch kannst du auch am Anfang deiner spirituellen Entwicklungsreise eine Aura wahrnehmen.

Die Techniken des Aurasehens lassen sich in zwei grundlegende Verfahren einteilen: sinnlich und übersinnlich.

Die sinnliche Wahrnehmung der Aura
Über die grobstofflichen fünf Sinne Sehen, Schmecken, Riechen, Tasten und Hören erfährt der Mensch seine Welt. Sind die Sinne geschärft und werden sie bewusst eingesetzt, erhält jede Wahrnehmung mehr Intensität. Es lohnt sich, das eigene Empfindungsvermögen zu trainieren und dadurch zu verbessern, denn auf diese Weise weitet sich der Blick für das eigene Umfeld, die Natur, die Umgebung, andere Menschen, ja den gesamten Kosmos. Man sieht die Welt sozusagen über mehr Kanäle als ausschließlich über das physische Auge. Die fünf Sinne helfen dem Menschen dabei, all die Reize, die ihn umgeben, verarbeiten zu können. Dies geschieht vor allem unbewusst, es ist ein automatisierter Ablauf. Die Reize werden durch die Sinne gewissermaßen vorsortiert, sodass nur die wichtigen, die z. B. bedrohlich sein könnten, bewusst aktivierend wirken. Alles andere wandert in das Unterbewusstsein. Wird die Wahrnehmungsfähigkeit gezielt gefördert, erhöht sich die Sensitivität für sich selbst, andere Menschen und die alltäglichen Abläufe.

Bewusstheit und Achtsamkeit spielen hier eine große Rolle. Der Fokus geht bewusst auf die eintreffenden Reize und konzentriert sich ausschließlich auf die entscheidenden. Um diese Konzentration halten zu können, ist das Ignorieren störender Einflüsse notwendig und das Stärken der sinnlichen Wahrnehmung hilfreich. Achtsamkeit im Alltag reduziert zudem Stress und Angespanntheit, da das Leben ganz bewusst im Moment stattfindet. Bewusstes tiefes Atmen, Konzentration auf eine Sache statt Multitasking, die Entwicklung neuer Routinen, achtsames Gehen und Sprechen, ein Innehalten für sinnliche Erfahrungen sowie die Reduktion innerer und äußerer Ablenkungen kennzeichnen einen sehr hilfreichen Lebensstil auf dem Weg der Bewusstseinsentwicklung.

Das Gehirn vergleicht eintreffende Reize, die ihm über die fünf Sinne dargeboten werden, mit bereits gemachten Erfahrungen und abgespeicherten Informationen. Dies geschieht enorm schnell. Es handelt sich also um eine Interpretation der Wahrnehmung. Je schärfer die Sinne ausgeprägt sind, desto genauer ist die Informationsübermittlung an das Zentralnervensystem. Bei eintreffenden Reizen agiert das Empfindungsvermögen in unterschiedlicher Ausprägung. Sinne können sich einander bestärken oder kompensieren.

Um die feinstoffliche Aura sehen und wahrnehmen zu können, braucht es ein Schärfen und Training der Sinne, damit auch sehr subtile Reize erspürt werden können. Verschiedene Übungen in Kapitel 6 werden dir zeigen, wie du hierbei vorgehen kannst. So wird es möglich, den Energiekörper auch mit den physischen Augen zu erkennen, mit den Händen zu ertasten oder sogar die Schwingung der Aura hörbar zu machen.

Die übersinnliche Wahrnehmung der Aura

Bei dieser Technik werden die grobstofflichen Sinne zurückgezogen und die Konzentration auf die übersinnliche Wahrnehmungsfähigkeit ausgerichtet. Dies erfolgt durch Meditation oder in einem leichten Trancezustand. Ziel ist es zunächst, innerlich zur

Ruhe zu kommen und den Geist zu beruhigen. Durch eine regelmäßige Meditationspraxis wird die Konzentration, Intuition und übersinnliche Wahrnehmungsfähigkeit trainiert. Warum ist dies für das Aurasehen so wertvoll?

Durch Meditation wird aktiv Stress abgebaut, Ängste und Sorgen werden weniger oder verschwinden ganz, destruktive Gedanken verstummen und der gegenwärtige Moment rückt in den Fokus. Es findet ein bewusster Wechsel von Aktion zu Beobachtung statt. Es entsteht Klarheit darüber, wie all die Gedanken und Empfindungen entstehen und zusammenhängen. Im Energiekörper sind viele Informationen über Gefühle und Gedanken gespeichert, welche in der Meditation nun sichtbar werden können. Erst durch das Kultivieren der inneren Stille und den bewussten Rückzug der Sinne aus dem Lärm des Alltags entsteht ein Bewusstsein für das eigene Sein, die Seele und die feinstoffliche Welt.

Achtsamkeit, Bewusstsein, Konzentration sind wichtige Voraussetzungen dafür, die Aura übersinnlich wahrnehmen zu können. In der Meditation wird der Energiekörper über das dritte Auge, den Sitz der Intuition, betrachtet. Die Aura wird sozusagen in der Vorstellung „abgescannt" und durch innere Bilder visualisiert.

Schamanen nutzen die Technik des leichten Trancezustandes und der Seelenreise, um in die feinstoffliche Welt zu „reisen" und dort wichtige Informationen über den Zustand des Energiekörpers und der Energiezentren eines Menschen zu erhalten. Im Schamanismus spricht man von der Fähigkeit der „zweiten Wahrnehmung", die es ermöglicht, über die Intuition, die Wahrnehmung über das dritte Auge, die nicht alltägliche Wirklichkeit sehen und darin wirken zu können. Energetische Blockaden, Auraverschmutzungen, Verletzungen und Verformungen in den Auraschichten,

Fremdenergien und fremde Seelenanteile können so energetisch behandelt werden.

Damit du deine Aura über den sechsten Sinn wahrnehmen kannst, helfen dir vor allem Meditations- und Visualisierungsübungen. Deine Intuition und dein drittes Auge lassen sich wie ein Muskel trainieren, vorausgesetzt, du übst konstant.

Interpretation der Aurafarben, Form und Struktur

Die Aura umgibt als Energiefeld den menschlichen Körper und erstrahlt in unterschiedlichen Farben, Formen und weist unterschiedliche Strukturen, ja sogar Konsistenzen und Temperaturen auf. Die Wichtigkeit der Intuition und Entwicklung hellsichtiger Fähigkeiten wurde bereits dargelegt. Sie sind die Basis für das Wahrnehmen und Sehen einer Aura.

Die Aurafarben

Es ist nicht dem Zufall überlassen, in welcher Farbe und Intensität eine jeweilige Auraschicht leuchtet. Aurafarben sind für die Deutung wichtig, da sie Rückschlüsse über Körper, Seele und Persönlichkeit des Menschen geben können. Hierfür ist entscheidend, welche Struktur die Aura aufweist, wie intensiv die Farbe leuchtet und ob einzelne Auraschichten verflochten sind. Keine Farbe ist per se positiv oder negativ, sondern jede vereint beide Seiten in sich. Sie können jedoch unterschiedlich gewichtet sein. Die Aura gibt Aufschluss darüber, ob gerade eher die lichtvollen Seiten oder die Schattenseiten gelebt werden. Je heller und klarer eine Aurafarbe leuchtet, desto positiver strahlt diese Energie. Verschmutzungen und Trübungen der Farbe weisen auf das Gegenteil hin.

Auch kann es auf einen Energieverlust hindeuten oder es befinden sich negative Fremdenergien in der Aura.

Sogenannte „Verschmutzungen" der Aura sind ein vollkommen normales Phänomen. Einen perfekten Energiekörper gibt es selten bis gar nicht. Eine Aura ist nicht starr, sie wandelt sich – je nach Befinden des Menschen und seiner Umgebung. Flecken oder Verfärbungen in der Aura weisen auf Probleme im physischen oder seelischen Bereich eines Menschen hin. Diese Hinweise sollen nicht beunruhigen, sondern können als Entwicklungsaufgabe verstanden werden. Durch die Auseinandersetzung damit, das Reflektieren und Überwinden geschieht inneres Wachstum. Die intuitive Wahrnehmung kann aufzeigen, was jener Auffälligkeit zugrunde liegen kann. Es sollten auch die Zusammenhänge betrachtet werden. Inwieweit hängt eine Auraverschmutzung mit unterschiedlichen Lebensbereichen oder mit außenstehenden Menschen zusammen?

Jede Aura ist einzigartig und spiegelt den Menschen in seinem ganzen Wesen. Die eigene Aura wahrnehmen und interpretieren zu können ist daher sehr hilfreich, um sich selbst besser kennenzulernen und zu verstehen. Trotzdem ist zu bedenken, dass deine eigene Aura beim Sehen einer anderen Aura wie ein Filter wirkt, was die Wahrnehmung beeinflussen kann. Die Bedeutungen der Farben können aus diesem Grund zwar Tendenzen aufzeigen, aber keine strikte Interpretationsgrundlage sein. Viel wichtiger ist, wie bereits ausgeführt, dass du deiner Intuition den meisten Glauben schenkst. Wichtig ist: Befreie dich von Vorurteilen und rationalen Einschätzungen, wenn es um die Interpretation einer Aura geht.

Du konntest bereits einen Überblick über die Farben der einzelnen Hauptchakren erhalten. Hier gibt es inhaltliche Überschneidungen zu den Aurafarben. Grundlegend kann man sagen, dass sich das Farbspektrum von Rot (Wurzelchakra) in Richtung Blau bis Weiß (drittes Auge, Kronenchakra) darstellt. Dieser Farbverlauf zeigt eine Entwicklung von der Grobstofflichkeit hin zur Spiritualität auf.

Beim Sehen und Wahrnehmen einer Aura kann sich eine Hauptfarbe herauskristallisieren oder eine Farbmischung verschiedener Auraschichten zeigen. Über die intuitive Wahrnehmung kann eine Farbe besonders dominieren, d. h., sie weckt visuell, gedanklich oder emotional die meiste Aufmerksamkeit beim Betrachter. Zur Interpretation der Aurafarben ist die inhaltliche Bedeutung der einzelnen Auraschichten (Koshas) von Bedeutung. Da sich die Koshas gegenseitig durchdringen und beeinflussen, können sogar mehrere Farben in einer Auraschicht auftauchen. Farbmischungen und -trübungen können auf Blockaden, Probleme, Krankheiten und unentwickelte Anteile hinweisen.

Der folgende Überblick der Aurafarben soll dir eine erste Idee davon geben und eine Richtung aufzeigen, was die Farben bedeuten.

Rot – Annamaya Kosha

Was fühlst du, wenn du an die Farbe Rot denkst oder sie betrachtest? Die meisten Menschen würden ihr wohl eine sehr hohe Energie zusprechen. Rot sticht heraus, ist besonders und zieht die Aufmerksamkeit an. So ist es auch bei der Aurafarbe Rot. Sie ist intensiv, warm und strahlt Lebenskraft und -freude aus. Rot im Energiekörper kann für einen vitalen und optimistischen Menschen stehen. Rot ist auch allgemein bekannt als die Farbe der Liebe. So strahlt die Aura auch Sinnlichkeit und Leidenschaft aus. Rot steht für einen starken Willen und eine große Portion Temperament.

Die Schattenseiten der Aurafarbe Rot zeigen sich in Aggressivität, Zorn, Machtstreben und Überbetonung des Materiellen. Auch Menschen mit starker Nervosität können eine intensiv rote Aura aufweisen.

Orange – Pranamaya Kosha
In den östlichen spirituellen Lehren gilt die Farbe Orange als spirituell. Daher tragen buddhistische Mönche ein orangefarbenes Gewand, denn Orange steht für die höchste Erleuchtung. Als Aurafarbe zeigt sie einen mutigen, unabhängigen und aufgeschlossenen Menschen. Kreativität, Neugierde, fröhliches Gemüt und gute Kommunikationsfähigkeiten können weitere positive Eigenschaften sein. Menschen mit orangefarbener Aura sind zwar sehr selbstständig, genießen aber trotzdem die Gesellschaft anderer. Sie führen einen lustvollen und optimistisch geprägten Lebensstil.

Die Schattenseite der Aurafarbe Orange kann einen Überschuss an Energie bedeuten, welcher zu Chaos und Hektik führt. Den Menschen fällt es dann schwer, zur Ruhe zu kommen. Auch ist der Geist permanent in Aktion und zu müde, um Entscheidungen zu treffen. Ein intensives Orange kann ebenso auf eine egozentrische Persönlichkeit hinweisen.

Gelb – Manomaya Kosha
Die Aurafarbe Gelb ist ebenfalls eine sehr spirituelle Farbe. Sie zeugt von einem starken Willen, Intelligenz und Reife. Wie die Wärme einer Sonne strahlen Menschen mit gelber Aura Herzenswärme aus. Gelb steht auch für Freude, Optimismus, Inspiration und Begeisterung.

Die Schattenseiten einer gelben Aura zeigen sich in übermäßiger Aktivität, Planlosigkeit und fehlenden Zielen. Es kann diesen Menschen sehr schwerfallen, bei einer Sache zu bleiben und angefangene

Projekte fertigzustellen. Sorgenvolle Gedanken, Pessimismus und Angst nehmen die Freude am Leben.

Grün – Vijnanamaya Kosha

Grün ist die Farbe der Hoffnung und steht als Aurafarbe für Balance, Frieden und Harmonie. Vor allem in der Natur ist die erdende Kraft der Farbe Grün zu spüren. Hier kann der Mensch am besten regenerieren. Strahlt die Aura eines Menschen grün, handelt es sich meist um eher ruhige, ausgeglichene und entspannte Personen. Sie scheuen Konflikte und führen ein achtsames, naturverbundenes Leben. Sie sehen zwar das große Ganze im Leben, widmen ihre Aufmerksamkeit aber auch den Details und erfreuen sich daran.

Auf der negativen Seite kann die Aurafarbe Grün für Eifersucht stehen. Gier und Lügen können zwischenmenschliche Beziehungen sehr belasten. Personen, die besonders unsicher auftreten, besitzen oft eine grüne Aura.

Blau – Anandamaya Kosha (Hellblau), Jiva (Dunkelblau)

Ein Mensch mit einer blauen Aurafarbe wirkt besonders vertrauenswürdig und gelassen auf andere. Die Farbe Blau steht für Ehrlichkeit. Personen mit blauer Aura können zwar auf den ersten Blick zurückhaltend wirken, brauchen aber meist nur ein wenig, um mit dem Gesprächspartner oder einer Gruppe warmzuwerden. Dann zeigen sie sich als besonders einfühlsam, hören aufmerksam zu und sind sehr verlässlich. Mit Blau assoziieren viele auch das Gefühl von Freiheit aufgrund der Weite des Meers und des Himmels. Eine blau leuchtende Aura deutet auf einen feinfühligen, sensiblen Menschen hin, welcher sich um seine Mitmenschen sorgt. Personen mit blauer Aura können besonders treue Partner und Freunde sein.

Auf der anderen Seite wirkt Blau kühl und abweisend. Dann können sich Ängste, Misstrauen und Pessimismus zeigen.

Violett – Maha Jiva

Die Farbe Violett entsteht aus der Vermischung von Blau und Rot. Sie ist eine sehr spirituelle Farbe, die Himmel und Erde miteinander verbindet. Blau repräsentiert das Himmlische, während Rot für das Irdische steht. Menschen mit violetter Aura besitzen eine starke Intuition, welcher sie auch folgen. Sie lassen sich nicht von der Illusion der materiellen Welt blenden. Sie haben ihre eigene Fantasie und Lebensphilosophie, nach der sie leben. Zwar ziehen sie sich gerne zurück, um sich ihren Visionen hinzugeben, trotzdem sind Familie, Partner und Freunde von höchster Bedeutung für sie. Sie streben nach besonders tiefen Beziehungen.

Die Schattenseite einer violetten Aura kann sich in Eitelkeit zeigen. Auch können diese Menschen durch andere besonders leicht beeinflusst werden, was Tür und Tor für Manipulation und Ausnutzung öffnet.

Braun

Bei der Farbe Braun kommt sofort die Erde in den Sinn. Und tatsächlich weist eine braune Aura auf sehr geerdete, bodenständige Menschen hin. Sie sind besonders leistungsorientiert und fleißig, weshalb sie nicht selten in Führungspositionen anzutreffen sind. Sie achten sehr auf Ordnung und Struktur.

Eine braune Aura kann auch auf mangelndes Selbstvertrauen und Mutlosigkeit hindeuten. Da Menschen mit der Aurafarbe braun besonders leistungs- und erfolgsorientiert sind, können sich Schattenseiten wie Gier, Unehrlichkeit, Täuschung und Selbstsucht zeigen.

Schwarz

Schwarz bedeutet, dass alle vorhandenen Farben überdeckt wurden oder sie sich zu Schwarz gemischt haben. Die meisten Menschen verbinden mit der Farbe Schwarz eher keine positive Energie. So kann eine schwarze Aura ein wahrer Energieräuber sein, wenn man damit in Kontakt kommt. Angst und Hass können sich in solch einer Aura widerspiegeln. Menschen mit schwarzer Aurafarbe können viele energetische Blockaden, einen schwachen Charakter und Neigung zu verletzenden bis hin zu kriminellen Handlungen aufweisen. Eine Schwarzfärbung oder schwarze Flecken können Hinweise auf schwere physische oder seelische Erkrankungen sein. Oft tritt die Aurafarbe Schwarz in Kombination mit anderen intensiven Farben auf, was die Energie von Schwarz abmildern oder noch zusätzlich verstärken kann. Die Farbe Schwarz kann eine eher negative Bedeutung in der Aura haben, kann aber auch einfach ein Zeichen von Rückzug, Ruhe, Inaktivität und Stille sein.

Weiß – Maha Jiva

Weiß enthält alle Farben, was z. B. bei Regen und gleichzeitigem Sonnenschein durch einen Regenbogen sichtbar wird. Die Farbe Weiß symbolisiert Licht und damit aus spiritueller Sichtweise Erleuchtung. Menschen, die erleuchtet sind oder auf dem Weg dorthin, weisen eine hoch schwingende, weiße Aura auf. Sie strahlt Wahrheit, Reinheit und Frieden aus. Menschen mit weißer Aura gehen konsequent den Weg der Wahrheit, der Intuition und streben nach Entwicklung des Bewusstseins. Weiß ist die Farbe des Friedens und steht daher auch für Befreiung. Auf spiritueller Ebene geht es um eine Befreiung der Seele noch zu Lebzeiten (Jivamukti), also dem Heraustreten aus dem Rad der Wiedergeburt. Eine weiße Aura deutet auf Charaktereigenschaften wie Selbstlosigkeit, Empathie und Verlässlichkeit hin. Sie kann auch für die Fähigkeit der Hellsichtigkeit stehen.

Es kommt zwar sehr selten vor, jedoch kann auch eine weiße Aura Schattenseiten repräsentieren und Blockaden aufweisen. So kann die Suche nach Befreiung auf Abwegen in Süchte führen. Auch kann sich ein Mensch mit weißer Aura an einem Punkt im Leben befinden, wo alles zu stagnieren scheint, und verzweifelt sein.

Grau

Die Aurafarbe Grau vereint in sich die Eigenschaften von Weiß und Schwarz. Sie zeigt eine Aura mit hauptsächlich negativen Eigenschaften. Hier ist die Energie sehr niedrig, sodass sich der Mensch antriebslos, kraftlos, motivationslos und krank fühlt. Das Leben erscheint eher als Bürde statt als Möglichkeit der Entwicklung und Realisierung des eigenen Seelenwegs. Ängste, Trägheit und Verwirrung herrschen vor. Menschen mit grauer Aurafarbe neigen dazu, nicht die Wahrheit zu sprechen und ihre Mitmenschen zu hintergehen. Eine graue Aura kann darauf hinweisen, dass sich eine Person vorübergehend in einer besonders herausfordernden Lebenssituation befindet, die ihr viel Kraft und Energie abverlangt.

Die Auraform

Im Idealfall entwickelt sich die Form der Aura von der inneren bis zur äußeren Schicht in Richtung Kreis bzw. Kugel. Abweichungen von diesem Idealzustand können für die Interpretation von Bedeutung sein. Finde auch hier über deine Intuition einen Zugang, um verstehen zu können, auf welche Entwicklungschance die Verformung hinweisen möchte. Die Form der Aura hängt mit dem aktuellen Energiefluss in der Aura zusammen. Dadurch erhält man Hinweise darüber, wo gerade überschüssige Energie herrscht oder im Gegenteil eine Blockade vorliegt.

- ➤ Vertiefungen und Löcher weisen auf einen Energiemangel hin.
- ➤ Erhöhungen zeigen einen Energieüberschuss.
- ➤ Spitzen, Kanten, Ecken zeugen von Disharmonie oder Energieverlust.
- ➤ Eine kreisrunde Form zeigt den Idealzustand einer harmonischen, ausgeglichenen Aura.

Sind die einzelnen Auraschichten klar voneinander abgetrennt, deutet dies auch auf einen Menschen mit spiritueller Klarheit hin. Gehen Form und Farbe der Auraschichten konstant ineinander über, findet spirituelle Weiterentwicklung statt. Zeigen sich die Übergänge verschwommen und unklar, ist sich diese Person selbst noch nicht im Klaren darüber, was Spiritualität für sie bedeutet.

Die Form einer Aura mit ihren Schichten ist keine statische Energiehülle, sondern in Bewegung. So kann bei der Wahrnehmung einer Aura sogar eine Art Vibration gespürt werden. Eine pulsierende Aura bereitet sich auf den nächsten Transformationsschritt vor. Energie fließt und ist lebendig, das Gegenteil würde darauf hinweisen, dass sich die Energie zu stark nach innen richtet (z. B. bei schweren physischen oder psychischen Erkrankungen). Sind hingegen mehrere Auraschichten ständig in Bewegung, kann dieser Überschuss des Energieflusses auf Krisenthemen hinweisen.

Konsistenz und Struktur einer Aura

Die Oberfläche einer jeden Auraschicht weist eine bestimmte Struktur und Konsistenz auf. Diese Beschaffenheit übermittelt ebenso wichtige Informationen über den gesundheitlichen Zustand eines Menschen. Struktur und Konsistenz können besonders gut über das „Ertasten" einer Aura erfahren werden, wobei mit den Händen über die Aura gestrichen wird.

> ➤ Eine glatte, runde und elastische Auraoberfläche ist ein Zeichen für Harmonie und Gesundheit.

> ➤ Fühlt sich die Oberfläche rau und fest an, ist diese Auraschicht aktiv und gesund.

> ➤ Kanten in der Aura weisen auf Blockaden oder Energieüberschüsse hin.

> ➤ Eine klebrige oder schleimige Auraoberfläche suggeriert Probleme auf seelischer und, daraus resultierend, auch auf körperlicher Ebene.

> ➤ Erscheint die Aura sehr hart, liegen Energieblockaden vor.

> ➤ Eine sehr weiche Auraschicht ist zu durchlässig, sodass Energie verloren geht.

4. DIE AURA IM ALLTAG

Für viele Menschen, die sich auf ihrem spirituellen Weg entwickeln, ist es zunächst eine Gratwanderung zwischen Alltag und Spiritualität. Es scheint gerade so, als wären es zwei unterschiedliche Welten, die sich nicht miteinander vereinbaren lassen. Das kann zu inneren Konflikten führen, als ob man sich entscheiden müsste: Realität oder Spiritualität? Doch eine Trennung von Materie und Energie ist schon rein physikalisch nicht möglich. Alles Seiende schwingt und dessen Bewusstwerdung führt immer mehr dazu, dass es keinen Unterschied mehr gibt. Spiritualität ist die Realität und umgekehrt.

Der Einfluss der Aura auf deine Gesundheit

Was bedeutet Gesundheit für dich persönlich? Es gibt unterschiedliche Definitionen darüber, was Gesundheit für einen Menschen bedeuten kann. Die Weltgesundheitsorganisation (WHO) definiert Gesundheit als „Zustand des vollständigen körperlichen, geistigen und sozialen Wohlbefindens" und sieht dies als ein Grundrecht des Menschen an. Im klinischen Kontext definiert sich Gesundheit als „idealer Vitalzustand" oder „Abwesenheit von Krankheit".

Was von jedem einzelnen als Gesundheit empfunden wird, kann sehr verschieden sein, da es sich um einen subjektiv wahrgenommenen Zustand handelt. Ein Mensch kann sich gesund und vital fühlen, obwohl vielleicht nichtsahnend eine physische Erkrankung vorliegt. Ebenso kann sich ein physisch gesunder Mensch krank fühlen, weil ihm seine Sorgen, Stress und Depression alle Lebensenergie rauben.

Auf einen gemeinsamen Nenner gebracht lässt sich sagen, dass Gesundheit einen harmonischen Zustand für Körper, Geist und Seele darstellt. Erkrankungen deuten hingegen auf Dysbalancen hin und zeigen auf, in welchen Lebensbereichen es mehr Energie, Hinwendung und (Selbst-)Liebe braucht, um wieder in einen Zustand der Ganzheit zu gelangen. Mittlerweile ist vielen Menschen klar, dass die physische Gesundheit nicht von der psychischen Gesundheit getrennt betrachtet werden kann. Emotionen und Gefühle können sich bei Unterdrückung und Nichtbeachtung in körperlichen Symptomen zeigen. Umgekehrt entstehen durch körperliches Unwohlsein negative Gedanken und Gefühle. Es bedarf daher einer ganzheitlichen Betrachtungsweise, wenn es darum geht, immer wieder aktiv die optimale Basis für die Gesundheit herzustellen.

Inwiefern spielt die Aura für die emotionale und physische Gesundheit eine wichtige Rolle? Du kannst dir deine Aura wie eine Art feinstoffliches Immunsystem vorstellen, was dafür zuständig ist, dich vor negativen äußeren Einflüssen und Erkrankungen zu beschützen. Wenn sie stark und energetisch mehrere Meter weit von deinem physischen Körper aus in deine Umgebung hinausstrahlt, können dir Fremdenergien, negative Menschen und andere energetische Angriffe nichts anhaben.

Gleichzeitig dient dir deine Aura als Spiegel, um betrachten zu können, wie es um deine emotionale Balance, physische Gesundheit und spirituelles Erwachen bestellt ist. Wenn du lernst, deine Aura lesen und verstehen zu können, lernst du dich selbst und deine Seele besser kennen. Das ist auch deshalb so wichtig, weil viele Krankheiten ihren Ursprung auf Seelenebene haben und nur einen einzigen Zweck verfolgen, nämlich deine Aufmerksamkeit zu bekommen und dich auf den richtigen (Seelen-) Weg zu befördern. Das gelingt nur dann, wenn die Ursache und Botschaft verstanden werden. Reine Symptombehandlung bringt nur vorübergehend Erleichterung, aber letztlich keine tiefgreifende Heilung. Deinen physischen Körper kennst du sehr gut, weil du täglich viel Zeit mit ihm verbringst, ihn betrachtest und durch Ernährung, Körperhygiene, sportliche Betätigung pflegst. Wie genau kennst du aber deinen Energiekörper, welcher auf Energieüberschüsse, alte emotionale Wunden, körperliche Dysbalancen und Energielecks hinweisen kann?

Das Aurasehen führt unter die Oberfläche, tiefer hinein in die wirklichen Befindlichkeiten auf emotionaler und physischer Ebene. Die Gründe, vor allem bei psychosomatischen Erkrankungen, können meist durch rein medizinische Untersuchungen nicht aufgedeckt werden. Eine Ursachenbehandlung ist kaum möglich oder geschieht auf Verdacht. Das Aurasehen und -wahrnehmen stellt kein Heilversprechen dar, aber es befähigt dich dazu, hinter Masken zu blicken, blinde Flecken zu erkennen und Schattenanteile zu integrieren.

Erhöht sich deine Sensitivität für feinstoffliche Energiefelder, für deine Intuition und das Hellsehen, wirst du bemerken, dass du emotionale und körperliche Blockaden bereits bei ihrer Entstehung wahrnehmen kannst, was dazu führt, dass du sie viel schneller auflösen kannst. Aurasehen kann daher als eine präventive Gesundheitsvorsorge verstanden werden, die es dir ermöglicht, in deine volle Kraft zu kommen und ein glückliches, gesundes Leben zu führen. Du übernimmst komplett die Verantwortung für die Gestaltung deines Lebens, deines Umfeldes und deiner Gesundheit, weil du aktiv daran mitwirkst und ein Bewusstsein dafür entwickelt hast, auch verborgene Auslöser von Dysbalancen schnell erkennen zu können.

Eine regelmäßige Aurareinigung und Auraschutz gehören dann für dich als logische Konsequenz zur täglichen Körperpflege dazu. Du siehst deinen Energiekörper nicht mehr getrennt von deinem physischen Körper, was deiner Gesundheit auf Körper-, Geist- und Seelenebene sehr zugutekommen wird.

Wechselwirkung zwischen Auren im sozialen Umfeld

Eine Aura ist eine Erweiterung des grobstofflichen Körpers auf energetischer Ebene. Darum nimmt jeder Mensch sehr viel mehr Raum für sich ein, als es auf den ersten Blick aussieht. Alle Lebewesen und Dinge weisen diese feinstoffliche Hülle auf, was die Schlussfolgerung zulässt, dass sich unterschiedliche Energiefelder permanent in Wechselbeziehungen befinden. Da die Aura eine Art energetischer Speicherort für sämtliche Informationen einer Person ist, können Auren aufeinandertreffen, die entweder ähnlich schwingen und sich anziehen oder unterschiedlich schwingen und sich eher abstoßen. Aus diesem Grund ist es so wichtig, darüber Bescheid zu wissen, was die eigene Aura gerade ausstrahlt und welche Maßnahmen wichtig sind, um die persönliche Energie hoch zu halten. „Auf der gleichen Wellenlänge zu sein" bedeutet also, dass Menschen und Situationen ins Leben treten, die dem eigenen Frequenzbereich sehr ähnlich sind.

Auren können einander beeinflussen. So kann ein Mensch mit schlechter Stimmung und entsprechend negativer Auraenergie deine Energie schwächen, wenn du dich in diesem Moment nicht abgrenzen kannst. Es ist ein Ding der Unmöglichkeit, als ein energetisches Wesen nicht durch andere beeinflusst zu werden. Gleichzeitig strahlt die eigene Auraenergie genauso auf andere aus. Ein Gespür für Energien zu entwickeln, ist eine wichtige Voraussetzung, um den energetischen Einflüssen nicht hilflos ausgesetzt zu sein.

Nun kannst du jedoch in zwischenmenschlichen Beziehungen nicht einfach hergehen und deinem Gegenüber sagen, dass eure Auren jetzt im Moment nicht kompatibel sind. Du würdest wahrscheinlich in große, ungläubige Augen blicken, da nicht davon auszugehen ist, dass alle Menschen in deinem Umfeld Energien wahrnehmen können, geschweige denn wissen, was du mit „Aura" meinst. Es braucht also andere Wege, um mit den Energiefeldern anderer Menschen oder bestimmter Orte umgehen zu können.

Der erste Schritt führt dich in die bewusste Reflexion darüber, was du gerade spürst. Verbinde dich mit deiner Intuition und versuche zu beschreiben, wie sich dieses soziale Umfeld oder konkret der Kontakt zu diesem Menschen anfühlt.

Im zweiten Schritt ist es sehr wichtig herauszufinden, von wem die negative Energie ausgeht. Nicht immer sind es andere Menschen, die dich schlecht fühlen lassen. Es kann durchaus sein, dass der Ursprung der Negativität in diesem Moment bei dir liegt. Da alles mit allem verbunden ist, ist es gar nicht so einfach, die Energien voneinander getrennt wahrzunehmen. Was sagt dir in diesem Moment deine Intuition?

Kommst du zu dem Schluss, dass es sich um deine eigene Energie handelt, die gerade niedrig schwingt, ist von Bedeutung, dich wieder in einen positiveren Zustand zu bringen. Was erzeugt in dir ein Wohlgefühl, Freude, Ruhe und Ausgeglichenheit? Manchmal reicht nur ein Gedanke, um dich sofort in eine höhere Frequenz zu katapultieren. Auch bestimmte Lebensmittel, Musik, Atem- und Körperübungen, Visualisierungen etc. können dazu dienen.

Solltest du mit der Negativität deines sozialen Umfelds konfrontiert sein, vermeide es auf jeden Fall, dich hineinziehen zu lassen. Was kannst du jetzt tun, um selbst positiv gestimmt zu bleiben? Des Weiteren gibt es mehrere Möglichkeiten, zu reagieren. Wenn es sich um vertraute Personen handelt, kannst du sie fürsorglich fragen, wie es ihnen geht und was die Ursache z. B. ihrer schlechten Laune ist. Befindest du dich in einer Situation mit fremden Leuten, z. B. in einem öffentlichen Verkehrsmittel, kannst du durch ein kurzes Gebet um energetischen Schutz bitten oder dir vorstellen, dass du in ein farbig strahlendes Licht eingehüllt bist. Du wirst im nächsten Kapitel weitere Möglichkeiten erfahren, wie du deine Aura von Fremdenergien reinigen und schützen kannst.

Du kannst auch überlegen oder nachfragen, was einer anderen Person jetzt helfen kann, um in eine positivere Energie zu kommen. Gerade, wenn man selbst die Quelle negativer Energie ist, fällt es einem ungeübten Menschen selbst schwer, diese wahrzunehmen und gezielt Strategien anzuwenden, um aus der Negativität auszusteigen. Diese kann einen Menschen so sehr lähmen, dass eine Hilfestellung von außen unterstützend sein kann. Wenn du

z. B. mit einer Person im Gespräch bist, welche sich ausschließlich negativ ausdrückt, kannst du ihr bereits dadurch helfen, dass du Möglichkeiten aufzeigst, die Energiereserven der Person wieder aufzufüllen. Macht einen gemeinsamen Spaziergang in der Natur, zeige ihr bewusste Atemtechniken oder nehmt ein nährstoffreiches Essen zu euch. Die Negativität wird dadurch nicht überspielt oder unterdrückt, sondern eine energetische Basis dafür geschaffen, sich konstruktiv damit auseinanderzusetzen und Lösungswege zu finden.

Trotzdem solltest du für dein näheres Umfeld überlegen, mit welchen Menschen du die meiste Zeit verbringen möchtest. Wie können sich die Auren sinnvoll ergänzen und gegenseitig stärken? Denn auf Dauer wird es dich sehr herausfordern, wenn du immer negative Energien ausgleichen musst. Schaffe dir daher bewusst ein förderliches Umfeld, das deine Aura und damit dich erstrahlen lässt. Jeder trägt die Verantwortung für sich selbst, an inneren Themen zu arbeiten, das kannst du niemandem abnehmen. Und du weißt mittlerweile, wie wichtig diese ist, um deinen Energiekörper vital zu halten. Sei Inspiration für andere durch dein eigenes Leuchten, aber lass nicht zu, dass andere von deiner Energie zehren wollen.

Reinigung und Schutz der eigenen Aura

Fremdenergien können die Aura auf unterschiedliche Art positiv oder negativ beeinflussen. Doch was sind das für Energieformen, die von außen auf den Energiekörper einwirken? Sie lassen sich wie folgt unterteilen:

➢ Fremdenergien von anderen Menschen
➢ Fremdenergien der Umwelt
➢ Fremdenergien der geistigen Welt

Warum ist es überhaupt notwendig, die Aura zu reinigen und zu schützen? Tagtäglich bist du vielen verschiedenen fremden Energien ausgesetzt. Diese können für dich positiv oder sogar äußerst destruktiv sein. Über deinen Energiekörper nimmst du sie auf und sie gehen in Interaktion mit deiner Energie. Hast du schon einmal die Erfahrung gemacht, dass du fröhlich den Tag begonnen hast und sich dein Befinden schlagartig änderte, nachdem du z. B. in der U-Bahn oder im Supermarkt warst? Stress, Unsicherheit, Angst, Unruhe, Müdigkeit und Depression können auftauchen, wenn deine Aura von zu viel negativer Energie geschwächt wurde. Achte zukünftig bewusst darauf, wie sich dein Gemütszustand und dein Energielevel verändert, wenn du in bestimmten öffentlichen Räumen oder mit speziellen Menschen zusammen bist.

Ein weiterer wichtiger Faktor ist dein eigener Lebensstil. Deine Aura kann Verschmutzung erfahren, wenn du sehr viele Toxine in deiner Umgebung hast. Gespritzte Lebensmittel, Fertigprodukte, Abgase, Medikamente etc. beeinflussen deinen Energiekörper. Gleiches gilt für Sorgen, toxische Gedanken und negative Gefühle. Sie setzen die eigene Frequenz herunter und schwächen deine Aura. Je geschwächter sie ist, desto leichter können negative Energien daran haften. Gleiches zieht Gleiches an. Verunreinigungen der Aura können sich zu Verletzungen und Rissen in der Auraoberfläche weiterentwickeln. Da dein Energiekörper eng mit deinem physischen Körper verbunden ist, können sich hier Dysbalancen bis hin zu Krankheiten entwickeln. Oft ist es dann so, dass die Ursache für das eigene Unwohlsein und Erkrankungen selbst durch ärztliche Untersuchungen nicht gefunden werden können, da sie im Energiesystem entstanden sind. Durch Beseitigung negativer Energieeinflüsse, energetische Arbeit mit den Chakren, Reinigung und Heilung der Aura kann dein Energiekörper wieder zurück in seinen gesunden Zustand finden.

Reinigung der Aura

Fühlst du dich also öfter lustlos, gereizt, deprimiert, wütend, unsicher oder müde, findest aber nicht direkt eine Ursache dafür, wird es höchste Zeit, die Aura zu reinigen und das energetische Gleichgewicht wiederherzustellen. Normalerweise ist sie so leuchtend und voller Energie, dass sie automatisch vor negativer Einwirkung geschützt ist. Das ist besonders dann der Fall, wenn du dich so richtig wohlfühlst, geliebt und geborgen, voller Tatendrang und Lebensfreude. Doch kann es ungewollt vorkommen, dass wir durch Ärger, Stress, negative Gedanken diese Schutzwirkung aufheben, da die damit verbundenen Energien sich nach außen entladen und somit die Auraenergie und -oberfläche verändern. Zu lernen, mit den eigenen Emotionen und Gefühlen umzugehen, hilft daher sehr, die Aura zu schützen.

Wie kannst du jetzt deine Aura reinigen, damit sie wieder in ihre volle Kraft kommen kann? Hierfür gibt es zwei verschiedene Möglichkeiten: Reinigungsrituale oder Visualisierung.

Reinigungsrituale

Für Reinigungsrituale werden Hilfsmittel, wie z. B. Meersalz, Edelsteine, ätherische Öle oder getrockneter Salbei, benötigt.

Salz gilt seit jeher als Mittel, um negative Energien abzuwehren. Es klärt das Energiefeld, indem die Salzkristalle dunkle Energien aufsaugen. Wenn du nicht gerade am Meer wohnst und dort ein reinigendes Bad nehmen kannst, besorgst du dir naturbelassenes Meersalz. Jetzt kannst du wählen, ob du es vor einer Dusche auf deinem Körper aufträgst wie eine Art Peeling oder ein Vollbad nimmst, mit etwa 500 g Meersalz im Wasser. Salzbäder wirken auch entgiftend auf deinen physischen Körper und neutralisieren den pH-Wert der Haut. Solche Reinigungsbäder oder -duschen kannst du immer dann anwenden, wenn du eine Schwächung durch Fremdenergien spürst, oder bereits präventiv mehrmals die Woche durchführen.

Edelsteine verfügen über eine sehr subtile Schwingung und haben ebenfalls die Kraft, negative Energien aufzunehmen und aus der Aura zu entfernen. Dafür werden die Steine auf den Körper aufgelegt oder bereits vorsorglich als Schmuck getragen. Die Oberfläche der Aura kann mit einem Stein „gestreichelt" werden, sodass die negativen Energien wie bei einem Fusselroller daran haften bleiben. Typische reinigende und heilende Edelsteine bzw. Halbedelsteine sind der Bergkristall, Amethyst, schwarzer Turmalin, Rosenquarz, Bernstein, Lapislazuli und Topas. Es kann damit auch ein Edelsteinwasser hergestellt werden, um es auf den Energiekörper zu sprühen. Wichtig ist, die Edelsteine und Halbedelsteine anschließend ebenfalls zu reinigen, z. B. mithilfe von fließendem Quellwasser, einem Salzwasserbad oder Vollmondlicht.

Ein altbekanntes Reinigungsritual ist die Verwendung von Räucherwerk, um negative Energien unschädlich zu machen. Besonders das Verräuchern von weißem Salbei dient dazu, die Aura zu klären und Räume zu reinigen. Meist wird dafür der getrocknete Salbei zu einem Räucherbündel zusammengebunden. Er kann aber auch über glühender Kohle oder einem Räucherstövchen entzündet werden. Achte dabei auf eine feuerfeste Unterlage. Salbei brennt sehr leicht und erzeugt viel Rauch mit intensivem Duft. Negative Energien, die sich noch in der Aura befinden, werden davon aufgenommen. Wirkungsvoll ist es auch, z. B. mit deiner Handfläche oder einer Feder den Rauch um deinen Körper zu verteilen und so deine Aura bewusst zu räuchern. Öffne nach einer Räucherung die Fenster, damit alles wieder abziehen kann.

Die tägliche Verwendung ätherischer Öle reinster Qualität besitzt eine außerordentliche Kraft, den Energiekörper und die Energiezentren zu reinigen und vorbeugend zu schützen. Du holst dir sozusagen die Natur nach Hause und wirst spüren, wie positiv und wohltuend sie auf Körper, Geist und Seele wirkt. Achte unbedingt darauf, reine und getestete ätherische Öle zu verwenden, da es durchaus Produkte auf dem Markt gibt, die synthetische Füllstoffe und andere Verunreinigungen enthalten, die deinem Körper und deiner Aura nicht zuträglich sind. Die Öle können in Form von Badezusatz, in einem Kaltwasservernebler (Diffuser), als Auraspray oder über Körpermassagen angewandt werden. Besonders hilfreiche ätherische Öle für die Aurareinigung sind Weihrauch, Rose, Salbei, Lavendel, Melisse und Schafgarbe.

Aurareinigung durch Visualisierung
Eine weitere Möglichkeit, deinen Energiekörper regelmäßig von Fremdenergien zu reinigen, ist die Visualisierung während einer Meditation. Hierfür wird die Kraft der fünf Elemente zu Hilfe genommen. Bereite dich auf deine Meditation vor, indem du dich an einen dafür geeigneten, ruhigen Ort begibst. Idealerweise befindest du dich in der Natur, sodass du dich perfekt erden kannst.

Setze dich bequem hin und schließe deine Augen. Richte nun deine ganze Aufmerksamkeit auf den untersten Punkt deiner Wirbelsäule, den Sitz des Wurzelchakras, das dort strahlend rot leuchtet. Nimm den Boden unter dir wahr, auf dem du sitzt. Stell dir vor, wie dir Mutter Erde ihre Energie schickt und du sie über dein Wurzelchakra in deinen Körper aufnimmst. Vielleicht nimmst du sie als Licht oder Wärme wahr. Beim Aufsteigen dieser Erdenergie werden alle negativen Energien aufgenommen und aus deinem Energiekörper beseitigt.

Visualisiere das Element Luft, wie es dich von außen einhüllt. Spürst du eine leichte Brise oder sitzt du inmitten eines Sturms? Die Luft nimmt alles Negative mit, was jetzt noch in deinem Energiekörper für Dysbalancen sorgt, und trägt es weit weg von dir.

Verbinde dich mit dem Element Wasser. Stelle dir vor, wie es dich innerlich und äußerlich wäscht. Es darf durch deinen Körper fließen, deine Haut berühren und all den energetischen Schmutz mitnehmen. Gleichzeitig spendet dir das Element Wasser neue Kraft und Vitalität.

Stell dir vor, wie das Element Feuer all die schweren Gefühle und Gedanken verbrennt. Feuer ist für deine spirituelle Entwicklung transformierend. Gib auch ganz bewusst ab, was dich gerade noch zurückhält und blockiert.

Entstandene Verletzungen in der Aura werden durch das Element Äther geheilt. Lass diese feinstoffliche Energie deinen Energiekörper umhüllen und nähren. Deine Aura leuchtet wieder so stark und energetisch, dass neue Fremdenergien gar nicht mehr daran haften können.

Nimm dir noch ein paar tiefe Atemzüge Zeit, um die Meditation langsam zu beenden. Trinke anschließend viel Wasser, um die Ausleitung des energetischen Abfalls zu unterstützen. Du solltest nicht sofort an körperlich oder mental anstrengende Aufgaben gehen, sondern dir noch die nötige Ruhe geben, die dieser energetische „Entgiftungsprozess" jetzt braucht. Wiederhole dieses Reinigungsverfahren, wann immer dir danach ist, oder wende es regelmäßig an, damit sich erst gar nicht so viel negative Energie anstauen kann.

Die Aura schützen

Die eigene Aura zu schützen, bedeutet nicht, sich zurückzuziehen. Ganz im Gegenteil, du stärkst deine Aura mit so viel positiver Energie, dass negative Kräfte gar keine Chance haben, Schaden in deinem Energiekörper anzurichten. Zusätzlich wirst du immer sensitiver dafür, welche äußeren Energiefelder positiv und welche destruktiv auf dich einwirken. So bist du in der Lage, von vornherein entsprechend zu handeln. Je bewusster du deinen Alltag gestaltest, dein Umfeld aufmerksam wahrnimmst und über deine Innenwelt reflektierst, umso mehr bist du in der Lage, Energien gezielt zu lenken und auszugleichen. Es geht nicht darum, einfach ein energetisches Schutzschild vor sich zu halten oder in einem schützenden Energiekokon zu verschwinden, um den negativen Einflüssen zu entfliehen. Vielmehr muss verstanden werden, warum es möglich war, dass diese Energien anhaften und in der Aura wirken konnten. Erneut gilt: Gleiches zieht Gleiches an. Welche alten Wunden oder Prägungen sind bereits vorhanden und wurden durch die Fremdenergie aktiviert? Jetzt geht es darum, diesen Ursachen auf den Grund zu gehen, denn nur wenn diese alten Themen geheilt sind, ist man bestens geschützt. Besonders sensitive Menschen sehen sich vor der Herausforderung, mit der Menge an negativen Energien, die sie alltäglich umgeben, klarkommen zu müssen. Die Frage ist immer: Wie ist es mir möglich, negative Energie positiv zu transformieren? Begegnet man einer dunklen Energie mit dunkler Energie, kann keine Transformation geschehen. Leugnet man die Existenz dieser Energien, ist ebenfalls keine Weiterentwicklung möglich. Es existiert auf dieser Welt kein Licht ohne Schatten und kein Schatten ohne Licht – weder in der äußeren noch in der inneren Welt. Es geht nicht um eine Wertung der Energien in Gut und Böse, eher um ein Wahrnehmen,

Annehmen und verantwortungsvolles Handeln. Der Weg, die Aura zu schützen, ist daher kein Kampf gegen Energien, sondern führt in die Vergebung, in das Vertrauen, in das Bewusstwerden und in die höchste Frequenz auf Erden – die Liebe.

Unbewusst oder bewusst schützt du deine Aura bereits durch deine Körperhaltung. Abwehrende Körperhaltungen, wie z. B. verschränkte Arme, Wegdrehen oder abwehrende Mimik, signalisieren dem Gegenüber, besser auf Abstand zu bleiben. Der Körper reagiert auf die feinstoffliche Wahrnehmung der Aura. Das kannst du dir zunutze machen und aktiv an deiner Körperhaltung arbeiten, sodass du mit deinem Auftreten bereits deine energetische Ausrichtung zeigst. Teste verschiedene Körperhaltungen und verändere deine Körpersprache und Mimik bewusst, um zu erfahren, wie andere Menschen darauf reagieren. Sicherheit und Selbstbewusstsein strahlst du aus, wenn deine Schultern nach hinten gedreht sind und sich dadurch dein Brustkorb öffnet. Der Blick ist offen nach vorn ausgerichtet, der Rücken aufgerichtet und die Beine stehen etwas auseinander.

Ein sehr schneller und effektiver Auraschutz im Alltag kann ein kurzes Gebet sein. Auch wenn du deine geistigen Führer (noch) nicht kennst oder nicht daran glaubst, kannst du um Schutz und Führung bitten. Gibt es eine feinstoffliche Instanz, an welche du diese Bitte richten möchtest? Dein Schutzgebet könnte z. B. an Engel, das Universum, Gott, Heilige, Mutter Erde, Vater Sonne, die vier Elemente, Jesus oder eine dir nahestehende verstorbene Seele gerichtet werden.

Spürst du, dass eine negative Energie von einem Menschen ausgeht, kannst du ihn segnen, indem du ihm Frieden und Liebe wünschst. Wenn du spürst, dass du bereits in negative Energien verwickelt wurdest, kannst du deine Energie willentlich und aktiv zurückziehen. Stelle es dir bildlich vor, wie du deine Energie gereinigt und heil zu dir zurückholst. Führe anschließend ein Reinigungsritual durch.

Visualisierungen können dir dabei helfen, dich blitzschnell mit einer Energiekugel aus goldenem oder weißem Licht zu schützen. Schließe dafür kurz die Augen und stelle dir vor, wie dich dieses Schutzlicht umgibt, an welchem negative Energien abprallen.

Wie im Kapitel Aurareinigung bereits beschrieben, können ätherische Öle, Räucherungen und (Halb-)Edelsteine bereits präventiv eingesetzt werden, um deine Aura vor energetischen Angriffen zu schützen. Nimm dein Auraspray mit zur Arbeit, trage eine (Halb-) Edelsteinkette als Auraschutz und baue täglich kleine Aurareinigungsrituale in den Alltag mit ein. Denn wie du weißt, ist eine gereinigte, aktive und gesunde Aura der beste energetische Schutz.

5. ENERGETISCHES HEILEN DER AURA

Energetisches Heilen geschieht durch Energiearbeit am Energiekörper des Menschen. Energiearbeit ist ein Sammelbegriff für verschiedene spirituelle Praktiken und Techniken, die darauf abzielen, den Energiestatus und Energiefluss im Körper und Energiekörper zu beeinflussen. Ziel ist es, dadurch Energieblockaden und -störungen aufzulösen, um den Menschen zurück zu Wohlbefinden, Gesundheit und Harmonie zu führen. Erfahrene Energietherapeuten, Heiler und Hellsichtige können Energien sehen und fühlen. Sie dienen sozusagen als Medium, um die Energien sichtbar zu machen. Manche benutzen auch einen speziellen Tensor (Energiependel), welcher die energetischen Schwingungen aufzeigen kann. Ziel der Energiearbeit ist es, Körper, Geist und Seele wieder zu einer Einheit zu verbinden. Um die Aura energetisch zu heilen und dadurch auch Heilimpulse auf körperlicher Ebene zu geben, bieten speziell ausgebildete Therapeuten Techniken und Methoden an, welche die energetische Harmonie wiederherstellen sollen. Bei der Auraheilung im Speziellen wird intensiv mit den einzelnen Auraschichten, den Chakren und den Energiekanälen gearbeitet. Heilende Energie kann auf die Aura eines anderen Menschen übertragen werden, z. B. durch die Hände, über Heilsteine/Kristalle, die Schwingung von Klangschalen und via Gedankenkraft.

Das Bedürfnis, anderen Menschen Heilung zu bringen, ist sehr groß, vor allem wenn es sich um geliebte Personen des nahen Umfelds handelt. Doch heilt nicht die eigene Kraft einer Person, sondern eine höhere Kraft durch sie. Heilung ist ein sensitives Thema, weil es dazu auffordert, umzudenken, Transformationen zuzulassen und Dinge aktiv loszulassen. Heilung ist kein passiver Vorgang, in welchem ausschließlich der Heiler agiert. Die empfangende Person muss natürlich zustimmen und bereit sein, die Heilenergie zu empfangen, aber sich in weiterer Konsequenz auch für die Botschaft der Krankheit öffnen. In den meisten Fällen ist Krankheit ein Weckruf, das eigene Leben zu überdenken und Änderungen vorzunehmen.

Auraheilung über Chakrenarbeit

Da die Aura unmittelbar über Energiekanäle mit den Chakren verbunden ist, kann eine Auraheilung über Chakrenarbeit geschehen. Der Einbezug der Chakren ist besonders hilfreich, wenn sich Symptome im physischen Körper zeigen. Findet Heilung in einem Chakra statt, hat dies direkte Auswirkungen auf die Aura.

Gerade in den Energiezentren eines Menschen können seelische Blockaden unterschiedlicher Stärke entstanden sein und immer noch körperlich oder emotional nachwirken, selbst wenn dieses erschütternde Ereignis in einem vergangenen Leben entstand. Oft ist nicht nur ein einzelnes Chakra betroffen, sondern auch die damit in Verbindung stehenden Chakren. Solche energetischen Verspannungen oder Blockaden zeigen sich dann ebenfalls auf grobstofflicher Ebene, da die Lebensenergie nicht frei fließen kann.

Auch im alltäglichen Leben gibt es immer wieder Ereignisse, die das Energiesystem für einen gewissen Zeitraum beeinträchtigen können. Solche frisch entstandenen Energieblockaden lassen sich durch Energiearbeit wie Yoga, Meditation und Aromatherapie relativ zügig behandeln. Am besten ist eine regelmäßige energetische Hygiene, sodass solche kleinen Blockaden erst gar nicht entstehen können. Morgen- und Abendrituale eignen sich hier besonders gut, um die Aura durch einen Auraschutz auf den Tag vorzubereiten und am Abend vor dem Schlaf energetisch zu reinigen.

Besonders tiefsitzende Energieblockaden sind vor allem auf schwere seelische Verletzungen zurückzuführen. Die dadurch entstandenen Traumata und altes Karma wurden bis heute nicht geheilt. Daher können bestimmte Glaubens- und Handlungsmuster rühren, die sich immer wieder ereignen und zu unerwünschten Ergebnissen in der Lebensgestaltung führen. Ähnlich dem physischen Körper kann es bei Dauerbelastung zu chronischen Erkrankungen auch im Energiekörper kommen.

Im Falle einer Auraheilung durch Chakrenarbeit gibt es unterschiedliche Ansätze, die in der spirituellen Heilarbeit angewandt werden. Bei eher leichten Energieblockaden werden die Chakren ausgeglichen, sodass Prana wieder fließen kann und alle Chakren optimal zusammenarbeiten können. Ein Chakrenausgleich bringt die einzelnen Energiezentren sozusagen in die Kraft ihres aktuellen Entwicklungsstandes zurück, wenn eine vorübergehende Energieblockade entstanden ist. Chakren öffnen sich auf dem Weg der spirituellen Entwicklung und profitieren auf diesem Weg von regelmäßiger Chakrenarbeit, die präventiv verstanden werden kann. Sie erhalten auf gewisse Weise energetische Unterstützung durch Meditation oder Yoga.

Im Bereich der Aura- und Chakrenheilung handelt es sich um sehr intensive Energiearbeit, die unbedingt von einem geschulten

Therapeuten durchgeführt werden sollte. Damit sich die Chakren auf ihrem Entwicklungsweg öffnen können, gilt es auch die großen seelischen Themen zu bearbeiten, die blockierend auf die Öffnung wirken. In einem ganzheitlichen Ansatz werden dabei alle Aspekte des Menschen betrachtet, statt isoliert zu diagnostizieren und zu therapieren. Welche Chakrenheilungsmethode eingesetzt wird, hängt von den jeweiligen Themen und in gewisser Weise auch vom Grad der Bewusstseinsarbeit und Fähigkeit zur Selbstreflexion des Klienten ab.

Die regelmäßige Aura- und Chakrenarbeit, Klang-, Farb- oder Aromatherapie und aktive Körperarbeit z. B. durch Yoga sind einige Möglichkeiten, um die Heilung der Aura und Chakren zu unterstützen.

Auratherapie

Unter Auratherapie versteht man eine alternative Behandlungsmethode, um über die Arbeit am Energiekörper des Menschen auch den physischen Körper in Heilungsprozessen zu unterstützen. Hierfür werden unterschiedliche Behandlungsschritte angewandt. Auratherapie ist keine moderne Erscheinung in der Alternativmedizin, sondern wird bereits seit Jahrtausenden in fernöstlichen Heilmethoden aus Indien, Tibet und China eingesetzt.

Im europäischen Raum ist der Begriff Therapie geschützt und darf nur von ausgebildeten Therapeuten als Bezeichnung genutzt werden. Auch Heilversprechen sind rein rechtlich untersagt. Wenn man sich mit dem Thema Auratherapie und Auraheilung auseinandersetzt, sollte man diese Information im Hinterkopf haben, vor allem, wenn man diesbezügliche Heilsitzungen in Anspruch

nehmen möchte. Heilversprechen und therapeutische Herangehensweisen oder Aussagen ohne entsprechende Ausbildung können auf ein unseriöses Angebot hinweisen.

In der Auratherapie liegt ein grundlegendes Verständnis darüber
vor, dass der Energiekörper mit dem physischen Körper in enger
Verbindung und im Austausch stehen und daher über die Behandlung der Aura auch eine Veränderung im grobstofflichen Körper
herbeigeführt werden kann. Um therapeutisch an den Auraschichten zu arbeiten, werden die Chakren und Energiekanäle (Nadis)
mit einbezogen. Die Energiezentren sind bei diesem Heilansatz
besonders wichtig, da sie Energien über die Aura aufnehmen, aber
auch Energie aus dem Körper abtransportieren. Über die Nadis
verteilt sich die Energie dann im ganzen grobstofflichen und feinstofflichen Körper.

Die Auratherapie setzt ganzheitlich an, da sie sich intensiv mit der
Seelenebene eines Menschen beschäftigt. In der Aura eines Menschen lassen sich viele Informationen über die Emotionen und
Stimmungen erfahren, welche auf den grobstofflichen Körper
einwirken. Gefühle von Wut, Angst, Zorn, Einsamkeit und Frust
wirken sich negativ aus. Die Aura speichert viele seelische Erfahrungen, Erinnerungen, emotionale Blockaden und Wunden etc.
wie eine feinstoffliche Speicherplatte. Durch die Verbindung zum
physischen Körper können solche belastenden Gefühle auf der
Zellebene wirken. Über die gezielte Behandlung der Aura kann
die Seele heilen und damit können auch die Heilkräfte des Körpers aktiviert werden.

Menschen wenden sich oft alternativen Heilverfahren zu, wenn
auf medizinischer Ebene keine Ursache ihres Leidens gefunden

werden konnte oder die Behandlungen nicht zum gewünschten Ergebnis führten. Eine Auratherapie ersetzt keine schulmedizinische Behandlung, sondern ergänzt diese sinnvoll.

Eine medizinische Diagnose darf nur von einem Arzt oder Heilpraktiker durchgeführt werden. Mittlerweile integrieren immer mehr Schul- und Alternativmediziner die Auratherapie, um Ursache und Krankheit ihrer Patienten umfänglicher verstehen zu können. Der erste Schritt besteht also darin, aufgrund von körperlichen Untersuchungen zu einer Diagnose zu kommen, welche durch ein Aura-Scanning ergänzt wird. Der Energiekörper eines Patienten wird auf Störungen hin untersucht. Blockaden, Traumata und andere einschneidende, emotional belastende Ereignisse können so erkannt werden.

Dafür wird das Verfahren der Aurafotografie verwendet. Hier ist keine herkömmliche Fotografie gemeint, denn damit könnte der Frequenzbereich der Aura nicht erfasst werden. Man hat aber mithilfe hellsichtiger Menschen ein Biofeedbacksystem entwickelt, welches ermöglicht, eine digitale Simulation der Aura zu erstellen. Hier werden elektrische Felder an Hand, Ohr oder Fuß gemessen und als Aurafarben dargestellt. Im Gegensatz zur Kirlianfotografie, welche die ätherische Hülle darstellt, kann die moderne Aurafotografie auch die emotionale Hülle abbilden. Durch Analyse der Farben in der abgebildeten Energiewolke ist es dem Therapeuten, Heilpraktiker oder Arzt möglich, Rückschlüsse auf das seelische, emotionale und körperliche Befinden des Menschen zu ziehen.

Anschließend erfolgt die Auratherapie, welche entsprechend der Diagnose durchgeführt wird. Mögliche auratherapeutische Maßnahmen können sein:

- ➤ Energetische Reinigung der Aura
- ➤ Auflösen energetischer Blockaden in den Auraschichten
- ➤ Chakrenreinigung
- ➤ Energieübertragung durch Handauflegen
- ➤ Arbeit mit den inneren Archetypen
- ➤ Akupunktur oder Akupressur
- ➤ Massagen
- ➤ Arbeit mit Heilsteinen
- ➤ Farbtherapie

Aurachirurgie

Chirurgische Eingriffe sind bekannt aus dem klinischen Operationssaal, aber ist eine Operation an der Aura möglich? Um eine Aurachirurgie vornehmen zu können, braucht es eine sehr fundierte Ausbildung in Energiearbeit und feinstofflicher Anatomie. Sie sollte also nur durch Experten durchgeführt werden. Die Aurachirurgie wird der Quantenmedizin zugeordnet, welche sich mit den Energiefeldern beschäftigt und Energien zum Zwecke der Heilung methodisch wieder in Einklang bringt. Dieser alternativmedizinische Ansatz arbeitet am Patienten vollkommen berührungsfrei. Das Verfahren der Aurachirurgie wird zur Traumaheilung, bei Schmerzsymptomen aller Art und Erkrankungen der Organe eingesetzt.

Der Aurachirurgie liegt die Annahme zugrunde, dass auf der Zellebene alle bisherigen Emotionen und sogar emotionale Erlebnisse aus vergangenen Leben abgespeichert sind. Unbewusst beeinflussen diese noch heute den menschlichen Körper und werden als Ursache für Schmerzen und Krankheiten angesehen. Auch wenn die Situation längst vorbei ist, zeigt der physische Körper immer noch Reaktionen, indem er z. B. Stresshormone ausschüttet.

Die Behandlung findet im Energiekörper, also einige Zentimeter vom physischen Körper entfernt, statt. Auch können anatomische Modelle, die als energetischer Ersatz dienen, für die Operation genutzt werden. Der Patient hält dieses Modell während des Eingriffes in der Hand, sodass er energetisch damit verbunden ist. Nun werden Störfelder und Blockaden im Energiefeld durch Aurasehen ausfindig gemacht und „operativ" entfernt. Verkürzt dargestellt wird, wie bei einer echten Operation, mithilfe eines chirurgischen Instruments (z. B. ein Skalpell) das Störfeld aus der Aura herausgeschnitten.

So können Schmerzen, die aufgrund eigener oder vererbter Traumata entstanden sind, endlich verarbeitet werden und der Energiefluss ist wiederhergestellt. Durch die energetische Behandlung wird instantan ein Heilimpuls an die Zellebene des Körpers übermittelt, was die Selbstheilungskräfte aktiviert. Deshalb kommt es nicht selten vor, dass es zu schneller Linderung oder sogar Spontanheilungen nach einer aurachirurgischen Sitzung kommt. Hierbei ist jede Aura-OP sehr individuell und der Therapeut während der Sitzung in engem Austausch mit seinem Patienten.

Auch hier ist zu erwähnen, dass die Methode der Aurachirurgie eine schulmedizinische Behandlung nicht ersetzt. Diagnosen und Indikationen obliegen dem behandelnden Arzt oder Heilpraktiker. Vielmehr geht es um eine interdisziplinäre Zusammenarbeit oder zumindest eine ergänzende, alternative Behandlungsform.

6. PRAKTISCHE ÜBUNGEN UND MEDITATION

Um die Aura wahrnehmen zu können, gibt es viele verschiedene Herangehensweisen. Nicht jeder Mensch „sieht" gleich oder wählt den gleichen Zugang. Das Aurasehen ist ein sehr individueller, subjektiver Prozess. Mithilfe unterschiedlicher Übungen und Herangehensweisen kannst du für dich herausfinden, auf welche Art und Weise du deinen eigenen und den Energiekörper anderer Personen am besten wahrnimmst. Wie du bereits erfahren hast, kann eine Aura sinnlich und/oder übersinnlich erfahren werden. Nachfolgend werden dir verschiedene Übungen und Meditationen vorgestellt, um beides ausprobieren und deinen bevorzugten Weg finden zu können. Denn auch was die Sinneswahrnehmungen, Sensitivität und Hellsichtigkeit betrifft, weisen Menschen verschiedene Veranlagungen auf. Die Aura „sehen" zu können, ist ein Erfahrungsweg, der deiner persönlichen und spirituellen Entwicklung bedarf. Geh daher mit Neugierde, Entdeckungsfreude, aber Beständigkeit an die Übungen heran und lerne die Aura kennen. Dadurch wirst du viele neue Gedanken- und Entwicklungsimpulse für dein Leben erhalten und sicherlich einige AHA-Momente erleben.

Übungen zum Sehen, Erfühlen und Hören der Aura

Die ersten Übungen zielen darauf ab, dass du deine Aura über die Sinne wahrnimmst. Wenn du das liest, hast du vielleicht schon eine Präferenz. Welche Sinne setzt du im Alltag sehr bewusst ein? Gibt es sinnliche Wahrnehmungsweisen, die du bevorzugst? Erfährst du deine Umwelt am liebsten durch das Betrachten? Vielleicht schließt du auch gerne die Augen und lauscht den Naturgeräuschen oder schöner Musik. Ist dir die Haptik von Gegenständen in deinem Zuhause wichtig? Erschaffst du selbst gerne etwas mit den Händen? Vielleicht erhältst du durch diese Fragestellungen bereits eine Idee, welcher grobstoffliche Sinn bei dir besonders ausgeprägt ist. Wenn diese sinnliche Wahrnehmungsfähigkeit bei dir nämlich bereits gut entwickelt ist, wirst du schnell erste Fortschritte machen und kannst die weiteren Übungen als Ergänzungen nutzen.

Die Aura mit den Augen sehen

Die Aura ist sozusagen der energetische Fingerabdruck der Seele, die Augen wiederum das Tor zur Seele. Der Sehsinn ist für viele Menschen der am stärksten ausgeprägte Sinn, da er täglich so viel im Einsatz ist. Die Umwelt, fremde Menschen, Gegenstände werden sehr schnell über die Augen abgescannt, noch bevor ein Geruch, ein Geräusch oder eine Haptik erfahren wird. Es ist im Grunde der erste sinnliche Kontakt. Oft sind die Augen aufgrund der vielen visuellen Reize, die in der modernen Welt immer greller und schneller vermittelt werden (soziale Medien, Werbung), schon sehr überanstrengt. Wenn du mit deinen Augen das Aurasehen erforschen möchtest, solltest du ihnen vorher ein wenig Ruhe gönnen. Vielleicht magst du sie schließen oder einfach für einen längeren Zeitraum in die Weite blicken. Durch das viele Nutzen von Computer- und Handybildschirmen sind es die Augen oft gar nicht mehr gewohnt, das große Ganze zu überblicken.

Fokussieren und Defokussieren:
Das Auge hat die Fähigkeit, sich selbst scharf zu stellen und zu fokussieren. Es ist im Alltag natürlich sehr wichtig, klar sehen zu können. Doch für das Aurasehen ist dieser Fokus ungeeignet. Als erste Augenübung zur Vorbereitung auf das konkrete Sehen des Energiekörpers solltest du den Wechsel zwischen Fokussieren und Defokussieren üben. Durch das Defokussieren trainierst du das Sehen am Rande des Gesichtsfeldes, was für das Aurasehen wichtig ist. Wie funktioniert das? Es mag sich für dich zunächst ungewohnt anfühlen, doch tatsächlich tut es deinen Augen und den Augenmuskeln gut, wenn du zwischen Fokussieren und Defokussieren hin und her wechselst. Male dir dafür einen dicken schwarzen Punkt auf ein Blatt Papier und betrachte ihn. Normalerweise werden sich deine Augen auf den Punkt scharfstellen. Versuche nun bewusst, das Scharfstellen aufzuheben. Das kann sich anfühlen, als würdest du in diesem Moment schielen. Durch das Defokussieren beginnt der Punkt, sich auf dem Blatt Papier zu verschieben. Wechsle zwischen beiden Modi hin und her, um deine Augen zu trainieren und den Unterschied bewusst erfahren zu können. Entspanne anschließend die Augen, indem du sie schließt. Du kannst auch deine Hände aneinander reiben, sie dadurch energetisch aufladen und sanft über die geschlossenen Augen legen.

Der meditative Blick – Tratak
In der Yogatradition ist Tratak, das Starren, eine Konzentrationsübung und eine Reinigungsübung für deine Augen. Sie wird in Form einer Meditation praktiziert und ist eine wunderbare Vorbereitung auf das Aurasehen, denn dadurch erhältst du einen ersten

Eindruck von einem leichten Trancezustand. Der meditative Blick beruhigt die Gedanken sehr stark und du wechselst in die Position des Beobachters. Gegenstand des Beobachtens kann eine Blume, ein Bild oder eine Kerzenflamme sein. Das bedeutet, dass bei dieser Art der Meditation die Augen geöffnet bleiben, der Sehsinn also nicht zurückgezogen wird. Das Betrachten einer Kerzenflamme eignet sich als Übung für das Aurasehen besonders gut, da sie wie die Aura in Bewegung ist und ebenfalls unterschiedliche Farbschichten aufweist. Dunkle den Raum ab und stelle die brennende Kerze auf Augenhöhe vor dich hin. Richte deinen Blick auf die Flamme und übe auch hier das Fokussieren und Defokussieren. Mit der Zeit wirst du durch das Beobachten bemerken, dass du die Flamme nicht mehr nur rein optisch erfährst, sondern auch die Essenz des Elements Feuer. Für jegliche Meditationsform ist die sogenannte Einpünktigkeit des Geistes eine wichtige Voraussetzung. Mit dieser Lichtmeditation trainierst du also nicht nur deinen Sehsinn für das Betrachten der Aura, sondern übst deine Konzentrationsfähigkeit für alle weiteren Meditationen. Zusätzlich wird der Sehnerv belebt, was deine Sehkraft positiv begünstigen kann. Spüre, wann deine Augen und deine Konzentration ermüden, und beende dann die Meditation. Schließe die Augen wieder und entspanne sie für ein paar Momente. Lass die Erfahrungen mit Tratak auf dich wirken.

Die Aura in der Natur betrachten

Nach den bisherigen Augenübungen kannst du dich nun daran ausprobieren, die Auren von Lebewesen wahrzunehmen. Am besten geht das in der Natur, in welcher bereits eine wunderschöne reine Energie vorherrscht und du dich gleichzeitig aufladen und erden kannst. Verbinde diese Übung mit schönen Spaziergängen und nimm dir immer wieder ein paar Minuten Zeit, um an einem Ort sitzenzubleiben. Wähle ein Objekt in deiner Nähe aus, idealerweise eine Pflanze oder einen Baum, da Wildtiere und Insekten nicht so lange stillhalten, wie es für deine Übung nötig ist. Setze dich etwa einen bis drei Meter z. B. vor einen Baum und betrachte ihn. Wahrscheinlich spürst du seine Präsenz jetzt bereits sehr stark. Entspanne deine Augen, lasse deinen Blick weich werden und beginne wieder damit, zwischen Fokussieren und Defokussieren hin und her zu wechseln. Vielleicht kannst du einen Lichtschimmer am Rande des Stammes wahrnehmen. Forciere es nicht, die Aura sehen zu können. Es ist ein natürlicher Prozess, der sich mit fortschreitender Übung einstellen wird. Wenn nicht, findest du deinen Zugang zum Aurasehen über eine andere sinnliche Wahrnehmung. Solltest du erste Anzeichen des Aurasehens feststellen, ist das bestimmt ein freudvolles Ereignis. Solltest du die Wahrnehmung wieder verlieren, versuche nicht, daran festzuhalten. Denk immer daran, weich im Blick zu bleiben, aber auch innerlich eine entspannte und weiche Haltung gegenüber dieser Tätigkeit zu entwickeln. Nach etwa zehn Minuten solltest du deinen Augen eine Pause gönnen. Baue deine Fähigkeiten Schritt für Schritt lieber mit kleinen täglichen Einheiten auf, anstatt sehr lange vor einem Objekt zu verweilen.

Eine Aura visualisieren

Für diese Übung wirst du die Aura vor deinem inneren Auge betrachten. Das schult nicht nur deine intuitive Wahrnehmung, sondern hilft dir auch dabei, vertrauter mit Visualisierungen zu werden. Bei dieser meditativen Herangehensweise benötigst du keinerlei Hilfsmittel, nur deine Vorstellungskraft. Setze dich bequem in den Meditationssitz. Das kann auf einem Stuhl oder einem Sitzkissen sein. Wie bei den vorangegangenen Übungen geht es zunächst einmal darum, Körper und Geist zu entspannen. Dies kann z. B. über eine bewusste und tiefe Bauchatmung geschehen. Überlege dir nun eine Person, deren Aura du dir gerne vorstellen möchtest. Idealerweise beginnst du mit einem Menschen aus deinem näheren Umfeld, den du bereits sehr gut kennst.

Schließe die Augen und stell dir vor deinem inneren Auge vor, wie diese Person dasteht. Beobachte zunächst, ob und wie sich dieses Bild verändern möchte. Wenn du dir die Aura dieses Menschen vorstellst, wie würde sie aussehen? Lasse sie vor deinem inneren Auge entstehen, ohne deinen Verstand dafür zu bemühen. Sobald sich das innere Bild dieser Aura stabilisiert hat und nicht mehr verändert, kannst du die Augen wieder öffnen. Durch das Üben mit deinem inneren Auge trainierst du deine physischen Augen, Auren auch in der Realität zu sehen, denn jetzt bekommen dein Bewusstsein und dein Geist eine Idee davon, wie sich für dich ein Energiekörper darstellt. Probiere diese Auravisualisierung mit unterschiedlichen Menschen aus und beobachte, was sich für unterschiedliche Auren zeigen. Wenn du dich sicher darin fühlst, kannst du probieren, auch deine eigene Aura vor dem inneren Auge erscheinen zu lassen. Wichtig für diese Vorgehensweise ist, dass du nicht ins Bewerten gehst, ob deine Visualisierung oder die Aura nun gut oder schlecht, richtig oder falsch ist. Bleibe, so gut es geht, in der Weichheit und in der Unabhängigkeit eines Beobachters.

Die eigene Aura über den Sehsinn wahrnehmen
Nachdem du alle vorangehenden Übungen ausprobiert und öfter durchgeführt hast, ist der Punkt gekommen, deine eigene Aura mit geöffneten Augen zu betrachten.

Eine erste Möglichkeit, die eigene Aura zu sehen, besteht darin, nicht sofort den ganzen Körper im Spiegel zu betrachten, sondern nur die Hand. Dafür legst du sie flach auf einen weißen Untergrund oder ein Blatt Papier. Entspanne deine Augen kurz, indem du sie schließt. Öffne sie anschließend und betrachte deine Hand. Fokussiere und Defokussiere deinen Blick, sodass die Hand beginnt zu verschwimmen. Vor dem weißen Hintergrund kannst du jetzt eventuell einen farbigen Schimmer um deine Hand erkennen. Du kannst deine Aurawahrnehmung noch zusätzlich verstärken, indem du dir vorstellst, wie du deine Hand über das dritte Auge betrachtest. Achte darauf, dass du dich nicht verspannst. Atme ruhig und entspannt, während du diese Übung durchführst. Vielleicht konntest du farbige Energie um deine Hand sehen. Überanstrenge deine Augen nicht, wenn du Erschöpfung spürst. Schließe sie dann langsam und übe an einem anderen Tag wieder.

Um deine komplette Aura betrachten zu können, musst du dich vor einen Ganzkörperspiegel stellen. Wende alles an, was du bisher gelernt hast. Stelle dich in etwa einem Meter Abstand vor den Spiegel und entspanne deinen Körper. Du kannst die Augen für eine kurze Entspannung noch einmal schließen und dann mit weichem Blick öffnen. Betrachte dich im Spiegel. Wenn Gedanken hochkommen, ist das absolut in Ordnung, aber du lässt dich nicht in ihre Themen verwickeln. Sie werden wie von selbst weiterziehen. Beginne jetzt damit, dein Spiegelbild zu fokussieren und defokussieren. Erinnerst du dich an die Übungen mit dem Punkt, der Kerze und dem Baum? Bleibe konzentriert auf diese Tätigkeit und achte darauf, was geschieht. Kannst du den Schimmer um dich herum sehen? Vielleicht siehst du Farben oder die Form deiner Aura. Wenn du nichts siehst, ist das kein Zeichen dafür, dass du es nicht kannst. Jeder Mensch besitzt die Fähigkeit, Auren zu sehen, nur muss diese erst wieder trainiert und freigelegt werden. Erfreue dich und sei dankbar, wenn du deine Aura das erste Mal siehst. Ansonsten übe stetig weiter und probiere auch die anderen Übungen aus. Gib dir nach der Spiegelübung etwas Zeit und schließe die Augen.

Eine Steigerung dieser Übung wäre, dass du dich bei der Aurabetrachtung im Spiegel auf die einzelnen Auraschichten konzentrierst. Der Fokus liegt hierbei auf den ersten drei Auraschichten. Du kannst üben, zwischen den drei Schichten hin und her zu wechseln. Wenn das schon gut klappt, kannst du eine Stufe weitergehen und dich den Aurafarben widmen. Kannst du die Farben der einzelnen Auraschichten sehen? Hierbei ist keine Deutung wichtig, ob diese Farbe trüb oder intensiv ist etc. Wechsle konzentriert zwischen den Auraschichten hin und her und beobachte, wie sich die Farben dabei ändern. Und zum Schluss kannst du versuchen, die Aura mit offenen Augen wahrzunehmen, um sie dann zu schließen. Erscheint die Aura auch vor deinem inneren Auge? Siehst du sie genauso wie zuvor mit geöffneten Augen? Spiele auch hier mit deiner sinnlichen Wahrnehmung, indem du zwischen deinem Spiegelbild und deinem inneren Bild hin und her wechselst. Das Bild deiner Aura, das jetzt vor deinem inneren Auge erscheint, kann leicht verändert sein. Es geht auch nicht darum, sich an dein Spiegelbild vom Verstand her zu erinnern. Letztlich siehst du deine Aura auch mit geöffneten Augen durch das dritte Auge. Du übst dadurch zu verstehen, dass das Öffnen und Schließen deiner Augen keinen Einfluss auf das feinstoffliche Aurasehen hat. Denn in Wahrheit sieht deine Intuition, über den Sehsinn konntest du jedoch einen Zugang dazu erhalten. Nutze in Zukunft immer wieder die Meditation zur Stärkung deiner Intuition (Kapitel 6.3) und die Meditation zur Öffnung deines dritten Auges (Kapitel 6.4), um diese Fähigkeiten weiterzuentwickeln.

Die Aura mit den Händen ertasten

Lege deine Handflächen aneinander und öffne sie ein wenig, sodass ein Raum zwischen ihnen entsteht. Fühle diesen leeren Raum. Reibe jetzt deine beiden Handflächen schnell aneinander und führe sie dann erneut parallel zueinander zeigend ein paar Zentimeter auseinander. Was spürst du nun? Der leere Raum fühlt sich gar nicht mehr so leer an, oder? Energie ist über die Hände spürbar, sodass du deinen Tastsinn zur Wahrnehmung einer Aura nutzen kannst. Berührung ist nicht gleich Berührung, was dir im Kontakt mit anderen Menschen bestimmt schon aufgefallen ist. Es können unterschiedlichste Wahrnehmungen hochkommen, wenn du berührt wirst oder selbst berührst. Sei dir bewusst darüber, dass du nicht nur die Haut, sondern die Aura spürst. Es ist eine sehr intensive und unmittelbare Art, sich auf diesem Weg mit der eigenen oder einer fremden Aura auseinanderzusetzen. Über die Hände werden Energien übertragen, was du durch die kleine Übung des Händereibens spüren konntest. Wählst du diesen Weg, die Aura eines anderen Menschen zu ertasten, solltest du besonders gut auf reinigende und schützende Maßnahmen für deinen Energiekörper achten. Es kommt nicht von ungefähr, dass man von heilenden Händen spricht. Bei Kindern lässt sich dies sehr schön beobachten, wenn durch Handauflegung der Mutter oder des Vaters die Bauchschmerzen vergehen und Ruhe einkehrt. Der Energiefluss in den Händen ist besonders stark, weil sich auch dort Chakren befinden.

Sensibilisierungsübungen für die Hände

Um deinen Tastsinn zu verfeinern, kannst du kleine Übungen in den Alltag einbauen, indem du Dinge bei geschlossenen Augen abtastest und dich auf die Haptik konzentrierst. Wie sehr kannst du die Unterschiede zwischen glatt, weich, hart, rau, kalt, warm, trocken, feucht erspüren? Wechsle bei diesen Übungen auch die Hände und erkenne, welchen Unterschied es macht, ob du die Gegenstände mit der linken oder der rechten Hand fühlst. Im Alltag ist der Einsatz der Hände so selbstverständlich, dass sie wenig Aufmerksamkeit bekommen. Der dominanten Hand wird automatisch der Vortritt gelassen. Was passiert, wenn du dies bewusst änderst und z. B. eine Tür als Rechtshänder einmal mit der linken Hand öffnest? Weite deine Wahrnehmung auch dafür, zu erkennen, ob beim Berühren verschiedener Gegenstände Erinnerungen hochkommen. Vielleicht sind sogar Gefühle damit verbunden, weil du bereits in der Vergangenheit Erfahrungen positiver oder negativer Art mit diesem Gegenstand gemacht hast. Wiederhole auch öfter die einstimmende Übung, den energetischen Raum zwischen deinen Handflächen zu spüren und aufzuladen. Wie weit kannst du die Handflächen voneinander entfernen, bis du die dortige Energie nicht mehr spürst? Kannst du diese Energie zu einer Kugel formen, verkleinern, vergrößern und drehen?

Aura in der Natur ertasten
Wie auch beim Training des Sehsinns solltest du am besten die Natur als Übungsort wählen, um mit deinen Händen Auren zu ertasten. Mache wieder einen Spaziergang und wähle dir auf dem Weg eine Pflanze aus, deren Aura du über deine Hände erspüren möchtest. Du kannst natürlich auch wieder einen Baum zur Aurawahrnehmung nutzen, vielleicht sogar denselben wie bei der ersten Übung, um die Unterschiede zwischen Seh- und Tastsinn herauszufinden. Setze dich jetzt vor die Pflanze, sodass du bequem die Arme und Hände nach ihr ausstrecken kannst. Entspanne deinen Körper durch ein paar tiefe Atemzüge und beginne dann bei geschlossenen Augen, über die Aura der Pflanze zu streichen. Durch den Rückzug deines Sehsinns kannst du dich ganz auf deinen Tastsinn konzentrieren. Pflanzen besitzen eine sehr subtile Energie, welche du vielleicht anhand einer sanften Vibration spüren kannst. Erfühle die Aura in ihrer Energiequalität und Form. Schließe die Übung ab – in Dankbarkeit für diese Erfahrung.

Die menschliche Aura abtasten

Bevor du versuchst, die Aura eines Menschen über deinen Tastsinn wahrzunehmen, sollte dir bewusst sein, dass ihr dadurch Energien austauscht. Das ist ganz normal und nicht weiter schlimm, wenn du vorher deinen Auraschutz aktivierst und die Auren nach der Übung reinigst. Führe die Übung mit einer Person aus, die dir vertraut ist. Ihr könnt euch beide zunächst in eine kurze Meditation begeben, um den Geist zu beruhigen und den Körper zu entspannen. Nutzt gerne Räucherstoffe, ätherische Öle oder Kristalle, um die Energien vorher zu reinigen. Die Visualisierung eines schützenden Lichtballs hilft dabei, eventuelle negative Energien zu filtern, sollten sie beim Abtasten übertragen werden.

Die Person darf sich nun vor dich auf eine Yogamatte legen. Achte darauf, dass sie es bequem hat und ihr Körper während der Übung nicht auskühlt. Knie dich vor die Person, sodass du mit deinen flachen Händen ohne Anstrengung über die Aura streicheln kannst. Bitte sie darum, die Augen zu schließen und einfach zu beobachten, wie sich das Auraabtasten für sie anfühlt. Nähere dich langsam mit flachen Händen und spüre, wie sich die Auraenergie verändert, wenn du näher an den physischen Körper herankommst. Schließe selbst die Augen und gib dich mehr und mehr dem Spüren der Aura hin. Du kannst langsam beginnen, deine Hände über den gesamten Körper zu bewegen, soweit es dein Sitz zulässt. Bleibe ganz konzentriert bei deiner Wahrnehmung. Mache dich ganz frei von Bewertungen. Kommen Gedanken hoch, lässt du sie weiterziehen und kehrst zurück zu deinem Erfühlen der Aura. Schließe diese Übung nach einigen Minuten ab, indem du ein paar Mal tief ein- und wieder ausatmest. Dadurch wird auch die andere Person sanft in die Realität zurückgeholt. Tauscht euch gegenseitig über die gemachten Erfahrungen aus.

In einem nächsten Schritt könnt ihr diese Übung an einem anderen Tag wiederholen, und nun konzentrierst du dich verstärkt auf die einzelnen Auraschichten und ihre unterschiedlichen Energiequalitäten. Dafür streichst du nicht die Aura ab, sondern hebst und senkst die flachen Hände, um von einer Auraschicht in die nächste zu gelangen. Spürst du einen Unterschied zwischen den Schichten? Durch die Übungen der Handsensibilisierung ist es dir vielleicht sogar möglich, die Oberflächenqualität der Aura zu erspüren. Fühlt sie sich glatt oder rau, kalt oder warm an? Auch hier interpretierst du nicht, warum sich die Aura so anfühlt.

Wenn du noch einen Schritt weitergehen möchtest, kannst du in einer nächsten gemeinsamen Sitzung versuchen, die Aura der anderen Person nur noch in der Vorstellung abzutasten. Verbinde dich dafür vorher mithilfe einer Meditation mit deinem dritten Auge. Wandere dann mit deiner Aufmerksamkeit über den vor dir liegenden Körper und nimm die Aura über deine Intuition wahr. Es spricht nichts dagegen, deine Wahrnehmung hin und wieder mit den flachen Händen zu überprüfen. Du wirst dadurch wichtige Erfahrungen für das Auralesen sammeln und immer mehr Vertrauen in deine Fähigkeiten erlangen.

Auf Basis dieser gemachten Erfahrungen kannst du üben, deine eigene Aura abzutasten. Am besten funktioniert dies im Stehen oder Sitzen. Dafür fährst du mit den flachen Händen nahe am Körper entlang, um die erste Auraschicht zu spüren. Achte dabei auf deine Empfindungen in den Handflächen, aber auch auf innere Wahrnehmungen, die jetzt auftauchen wollen. Anschließend kannst du den gleichen Vorgang mit etwas mehr Abstand zum physischen Körper durchführen, um die nächste Auraschicht zu erkunden. Berühre deine Aura auf diese Weise, soweit es für deine Armspanne möglich ist, und erkunde die Auraschichten über den Tastsinn und übersinnlich mithilfe deines dritten Auges.

Je höher die Schichten, desto schwieriger wird das Ertasten über die Handflächen. Doch über das innere Tasten kannst du versuchen, dich auch in äußere Auraschichten zu begeben. Beende diese Übung in deiner Zeit und erde dich anschließend.

Die Klänge einer Aura hören

Die Aura über den Hörsinn analysieren zu können, ist eine weitere Möglichkeit der Aurawahrnehmung. Dafür ist ein besonders gut geschultes Gehör von Vorteil, denn auch die Ohren sind durch die Vielzahl der auditiven Reize des Alltags gut ausgelastet. Zwischen all den Alltagsgeräuschen existieren besonders subtile feinstoffliche Klänge. Sie können als zarte Melodien, Rauschen oder Summen empfunden werden. Auch wenn die Aura vor allem übersinnlich erfahren wird, ist der Zugang über ein geschultes Gehör durchaus möglich. Es braucht kein absolutes Gehör, um die Melodie einer Aura zu erfassen, aber ein musikalisches Gehör ist sicher von Vorteil für die Wahrnehmung. Letztlich geht es bei der Aurawahrnehmung um das innere Hören, das über die Intuition und den Gehörsinn zugänglich ist.

Finde die Stille in dir

Die wohl beste Übung, um das Gehör zu verfeinern, ist das Verweilen in der Stille. Erst dadurch wird einem bewusst, wie viele Geräusche des alltäglichen Lebens eigentlich an die Ohren herangetragen werden. Die Bewusstwerdung der Geräuschkulisse ist der erste Schritt. Nutze dafür kurze Meditationseinheiten, in welchen du ausschließlich die verschiedenen Geräusche beobachtest, ohne sie zu bewerten.

Gibt es überhaupt einen Ort der absoluten Stille? Selbst dein Körper macht permanent Geräusche. Das hörst du ganz deutlich, wenn du die Ohren verschließt und das Rauschen deines Blutes hörst, das durch deine Adern fließt. Vielleicht hörst du auch das Pulsieren deines Herzens. Die wahre Stille findest du nicht im Außen, sondern in einem Raum in deinem Inneren, sozusagen einem spirituellen Raum. Dort kannst du jederzeit einkehren, um wirkliche Stille zu erfahren. Mit fortschreitender Meditationspraxis wirst du diesen Ort kennenlernen, der jenseits der sinnlichen Wahrnehmung liegt.

Geräusche differenzieren können
Viele Geräusche in deinem Umfeld ergeben erst einen Sinn, wenn du gleichzeitig mit den Augen sehen kannst, wie sie entstehen. Was aber, wenn du dich ausschließlich auf dein Gehör verlassen musst? Im Internet findest du viele verschiedene Hörrätsel, mit welchen du deinen Hörsinn trainieren kannst. Es wird ein Alltagsgeräusch via Audio abgespielt und du errätst, wodurch es entstanden ist. Diese Übung kannst du natürlich auch in deinem Zuhause, auf der Arbeit, in der Natur etc. durchführen. Versuche öfter am Tag, Geräusche mit geschlossenen Augen wahrzunehmen und zu klassifizieren. Dein inneres „Geräusche-Lexikon" wird sich dadurch signifikant erweitern und dein Gehörsinn geschärft.

Klänge ganzheitlich wahrnehmen
Mithilfe von Musikinstrumenten oder Klangschalen ist es besonders schön, Klänge in ihrer Komplexität zu erforschen. Es ist nämlich möglich, sie nicht nur zu hören, sondern auch zu spüren. Ein Ton kann erst entstehen, wenn es dafür auch eine Quelle gibt, die in Schwingung versetzt wird. Dadurch beginnen sich auch die Luftmoleküle zu bewegen. Schallwellen entstehen, breiten sich aus und tragen ihre Klangbotschaft an das Gehör heran. Je stärker die Schwingung, desto lauter wird ein Ton wahrgenommen. In dieser Übung kannst du versuchen, auch die Schwingung hinter einem Geräusch zu erspüren. Dafür benötigst du als Hilfsmittel ein Glas und einen Stift zum Anschlagen. Setze dich vor das Glas, nimmt

den Stift in die Hand und lasse durch das Anschlagen einen Ton entstehen. Das kannst du gerne in paar Male wiederholen, bis du mit diesem Klang vertraut bist. Schließe anschließend die Augen, um dich ganz auf die Schwingung dieses Klangs zu fokussieren. Lasse durch das Anschlagen des Glases den Ton erneut entstehen und spüre, wie die Schallwellen sich ausbreiten. Wie lange ist es dir möglich, das Schwingen des Glases noch wahrzunehmen? Wiederhole diese Übung einige Male, um deine Achtsamkeit auf die energetische Klangqualität auszurichten.

Aurahören in der Natur
Die Natur bietet ein perfektes Umfeld dafür, mit dem Aurahören zu experimentieren. Suche dir einen abgelegenen Ort z. B. im Wald, wo du diese Übung ungestört durchführen kannst. Nimm dir eine Decke mit, auf die du dich bequem setzen oder legen kannst und schließe die Augen. Werde zunächst vertraut mit all den natürlichen Geräuschen, die dich jetzt umgeben. Nach einiger Zeit kannst du einen Baum oder eine Pflanze in deiner Umgebung auswählen, mit welcher du intensiver das Aurahören praktizieren möchtest. Wie beim Aurasehen und -erfühlen setzt du dich vor die Pflanze und entspannst Körper und Geist. Schließe die Augen und konzentriere dich wie bei der Übung mit dem Glas auf die Schwingungen, die von ihr ausgehen. Nach einiger Zeit kann es geschehen, dass du die Frequenz der Pflanze als Summen, Rauschen oder Töne wahrnimmst. Höre immer mehr von deiner Intuition und von deinem Herzen her, um in das innere Hören zu gelangen. Nicht selten berichten Menschen davon, dass die Pflanzen- und Tierwelt nonverbal mit ihnen kommuniziert. Es ist das innere Hören, dass hier stattfindet und jenseits von Wörtern und Kommunikationstechniken geschieht. Beende die Übung mit einem Dank an die Pflanzenwelt und pausiere, bevor du weitere Aktivitäten aufnimmst.

Die menschliche Aura hören

Bevor du das Aurahören mit einer anderen Person übst, solltest du die Übung mithilfe deiner Vorstellungskraft vorbereiten. Setze dich dafür bequem in einen meditativen Sitz deiner Wahl, schließe die Augen und stelle dir eine dir bekannte Person vor, wie sie vor dir steht. Verbinde dich mit deiner Intuition und lausche, welche Klänge die Aura dieses Menschen aussendet. Wie stellst du dir das Hören dieser Aura vor? Höre ihr zu, ohne in die Bewertung des Gehörten zu gehen. Beende die Übung in deiner Zeit und lass sie auf dich wirken.

Übe das Aurahören mit einem dir vertrauten Menschen nun auch real. Kreiere dafür wieder einen energetisch gereinigten und angenehmen Ort. Lege zwei Sitzkissen bereit oder nutze zwei Stühle, sodass ihr euch bei dieser Übung relativ nahe gegenüber-sitzen könnt. Dein Übungspartner schließt die Augen. Wenn es dir leichter fällt, dich mit geschlossenen Augen auf den Klang zu fokussieren, kannst du sie ebenfalls schließen. Richte deine komplette Aufmerksamkeit auf die Aura deines Gegenübers, bis du die Aurapräsenz und ihre Schwingung spüren kannst. Das innere Hören beginnt. Welcher Grundton wird von dieser Aura ausgesendet? Wechseln sich die Töne ab? Kannst du einen bestimmten Rhythmus erkennen? Zeigt sich die Aura in Form einer Melodie oder sind die Klänge ungeordnet? Nimm wahr, was ist, ohne die Melodie oder Töne zu werten. Beende die Übung, indem du über die bewusste Atmung in deinen Körper zurückkehrst und die Augen öffnest. Tauscht euch anschließend über die gemachten Erfahrungen aus. Um diese Übung zu ver-tiefen, kannst du dich beim nächsten Mal gezielt in die einzelnen

Auraschichten einhören. Beginne mit der ersten Schicht nahe am physischen Körper und dehne deine Wahrnehmung mit jeder weiteren Auraschicht nach außen hin aus.

Widme dich über den Gehörsinn auch deiner eigenen Aura und erforsche ihren Klang. Dafür kannst du dich in einen meditativen Zustand begeben, dich mit dem Zentrum deiner Intuition verbinden und dich gezielt auf deine Auraklänge konzentrieren. Beginne mit der ersten Auraschicht und wandere mit deinem inneren Gehörsinn Schicht für Schicht nach außen weiter. Jetzt geht es ausschließlich um das Lauschen und Zuhören, nicht um die Bewertung der erfahrenen Klänge und/oder Melodien. Beende diese Übung und nimm dir unbedingt genug Zeit, diese Eindrücke zu integrieren. Plane daher immer ausreichend Zeit zum Üben ein, damit du im Anschluss noch genügend Momente der Ruhe für dich hast.

Achtsamkeitsmeditation zur Stärkung deiner Selbstwahrnehmung

Diese Achtsamkeitsmeditation zur Stärkung deiner Selbstwahrnehmung solltest du regelmäßig üben, da sie die Grundlage für deinen Zugang zur Intuition bildet. Die Innenschau und damit die Wahrnehmung deines Körpers, deiner Gedanken und Gefühle führt zu einer verlässlichen Intuition. Diese Meditation lässt sich jederzeit als kurze Pause in den Alltag einbauen. Dadurch schulst du nicht nur deine Selbstwahrnehmung, sondern baust Stress ab und schärfst deine inneren Sinne.

Du kannst dir die Abläufe der Meditation einprägen und für dich im Stillen praktizieren, oder den Text als Audiodatei einsprechen und zum Meditieren anhören.

Nimm eine für dich angenehme Meditationshaltung auf einem Stuhl oder Kissen ein. Deine Wirbelsäule ist gerade aufgerichtet, die Schultern sind locker und die Gesichtsmuskulatur entspannt. Schließe die Augen und wende deine Aufmerksamkeit deinem Atem zu. Er fließt ganz natürlich in deinen Körper hinein und wieder heraus. Du beobachtest sein Kommen und Gehen durch die Nase, spürst den feinen, kühlen Luftzug an der Nasenspitze und die Bewegung deines Brust- und Bauchraums. Sobald Gedanken auftauchen, kehrst du zurück zu deiner Atembeobachtung. Nach ein paar Minuten der Atembeobachtung kannst du die Meditation beenden oder, wenn du dir mehr Zeit nimmst, durch einen Bodyscan noch weiter ausdehnen.

Dafür bringst du deine Aufmerksamkeit in die einzelnen Bereiche deines Körpers und nimmst nur wahr, ohne zu bewerten. Mögliche Wahrnehmungen können Kälte, Wärme, Schmerz, Kribbeln, Jucken, Verspannung etc. sein.

Beginne mit deinen Zehen, wandere anschließend mit deiner Aufmerksamkeit entlang deiner Beine nach oben, über die Waden, Knie und Oberschenkel, bis du am Gesäß angekommen bist. Spüre deinen unteren Rücken, die Bauchorgane, den oberen Rücken, den Brustkorb, die Schultern, Arme und Hände, deinen Nacken und dein Gesicht. Verweile in jedem deiner Körperteile ein wenig, um ein Gespür für die aktuelle Befindlichkeit zu erhalten. Auch Gedanken und Gefühle dürfen sich zeigen, doch lässt du dich nicht in ihre Themen verwickeln. Zum Abschluss spürst du deinen Körper noch einmal als Ganzes, wie du hier sitzt. Intensiviere deine Atmung und kehre langsam mit deinem Bewusstsein zurück in den Raum. Öffne die Augen und bleibe noch kurz sitzen, bis du ganz bei dir angekommen bist.

Meditation zur Stärkung der Intuition

Die Stärkung deiner intuitiven Wahrnehmungsfähigkeit ist die Basis für die spirituelle Arbeit des Aurasehens. Über deine Intuition hast du einen direkten Zugang zu deiner individuellen Seele und siehst, statt mit den physischen Augen, über dein drittes Auge. Schenke deiner Intuition daher täglich deine Aufmerksamkeit und stärke sie durch folgende Meditationsübung.

Lies dir die Meditationsanleitung aufmerksam durch, bevor du sie praktizierst, oder sprich den Text selbst via Diktierfunktion auf dein Handy.

Setze dich an einem ruhigen Ort bequem auf einen Stuhl oder auf ein Sitzkissen. Du kannst die Hände locker auf deinen Oberschenkeln ablegen oder eine Schale in deinem Schoß bilden. Die Wirbelsäule sollte aufgerichtet sein und die Schultern dürfen locker nach unten hängen. Schließe die Augen und beginne deine Meditation mit ein paar tiefen Atemzügen in den Bauch. Mit jeder Einatmung lädst du die Stille ein, mit jeder Ausatmung lässt du den Lärm los. Überlasse den Atem dann seinem natürlichen Atemfluss. Wandere gedanklich durch deinen Körper und spüre, wo noch Anspannungen sitzen, das Loslassen noch schwerfällt. Sende in deiner Vorstellungskraft Lebensenergie (Prana) dorthin, z. B. in Form von Licht oder reinigendem Quellwasser. Vielleicht kannst du nach und nach spüren, dass sich Erleichterung einstellt.

Du musst jetzt nichts mehr tun. Die Gedanken kommen und ziehen weiter, sie zeigen sich kurz, können aber deine Aufmerksamkeit nicht mehr bündeln. Es ist vollkommen in Ordnung, dass Gedanken auftauchen, kämpfe nicht dagegen an. Aber ziehe deinen Fokus davon ab und konzentriere dich auf dein Bauchgefühl. Wenn du magst, kannst du unterstützend die Hände auf den Bauchraum legen. Mach dich mit deiner Intuition vertraut, indem du vor allem fühlst, statt denkst. Gib deinen Empfindungen den Raum, sich zeigen zu können. Erforsche in dieser Innenschau immer mehr den Unterschied zwischen Verstand und Intuition. Wenn du den Impuls spürst, die Meditation zu beenden, wartest du noch einen Moment, bevor du die Augen öffnest. Verbinde dich vorher mit deinem Atem und vertiefe ihn. Komme erst wieder vollkommen im Körper an und öffne anschließend die Augen, um auch in deine Umgebung zurückzukehren.

Übe regelmäßig kurze Meditationen von 5 bis 20 Minuten. Es ist besser, Meditation und damit deine Innenwelterforschung zur täglichen Gewohnheit werden zu lassen, anstatt einmal in der Woche sehr lange zu meditieren. Du kannst es dir wie eine tägliche Reinigung vorstellen, wie Zähneputzen, nur auf energetischer Ebene. Deine Meditationspraxis wird sich weiterentwickeln und so auch dein Kontakt zur Intuition. Wenn du etwas mehr Übung hast, kannst du beginnen, dir während der Meditation eine einfache Frage zu stellen und abzuwarten, welche Antwort du erhältst. Auch hier wirst du den Unterschied zwischen Verstand und intuitiver Stimme erkennen können.

Adriana Hellmann

Meditation zur Öffnung des dritten Auges

Die Öffnung des dritten Auges (Ajna-Chakra) ist eine wichtige Voraussetzung, um die Aura wahrnehmen zu können. Erst dann ist eine intensive Auseinandersetzung auf Seelenebene möglich. Intuition und Hellsichtigkeit werden über die Arbeit mit dem dritten Auge geschärft. Besonders wirkungsvoll ist auch hierbei der Weg der Meditation.

Lies dir die anschließende Meditation zur Öffnung des dritten Auges durch, bevor du sie praktizierst, oder sprich den Text selbst via Diktierfunktion auf dein Handy. Bereite deinen Raum für die Meditation vor, z. B. durch energetische Reinigung mit Räucherwerk, und stelle sicher, dass du die nächsten 10 bis 20 Minuten nicht gestört wirst.

Du sitzt mit aufgerichteter Wirbelsäule auf einem Stuhl oder Meditationskissen. Die Hände fallen locker in den Schoß oder liegen auf den Oberschenkeln. Die Schultern hängen locker nach unten, das Gesicht ist entspannt. Nimm ein paar tiefe Atemzüge durch die Nase in den Bauchraum, bevor du das Ein- und Ausatmen ganz natürlich fließen lässt. Ein bewusstes Ausatmen über den Mund hilft dir dabei, Anspannungen loszulassen. Nimm dir Zeit, in deinem Körper und im gegenwärtigen Moment anzukommen.

Lenke deine Aufmerksamkeit jetzt bewusst auf den Bereich zwischen deinen Augenbrauen, den Sitz deiner Intuition. Vielleicht spürst du dort nach einiger Zeit ein leichtes Kribbeln. Dort sitzt dein drittes Auge, durch das deine individuelle Seele in diese Welt blickt. Visualisiere nun in diesem Bereich deiner Stirn dunkelblaues Licht. Du kannst dir einen Nachthimmel vorstellen oder die Tiefen des Ozeans. Tauche mehr und mehr ein in diese Farbe. Dein Atem fließt weiterhin durch die Nase ruhig und entspannt ein und wieder aus. Das dunkelblaue Licht reinigt und energetisiert dein drittes Auge. Vielleicht siehst du seine Form zwischen deinen Augenbrauen.

Sobald du das Gefühl hast, dass dein Seelenauge sich genügend mit dem blauen Licht aufgeladen hat, lässt du es nach außen hin ausstrahlen. Wie eine dunkelblaue Sonne sendet dein geöffnetes drittes Auge seine Strahlen in die Welt. Verweile in dieser Visualisierung des Ausstrahlens.

Beende deine Meditation, indem du dich wieder bewusst mit deiner Atmung in den Körper zurückholst. Atme tief ein und wieder aus, bevor du langsam die Augen öffnest.

Nach jeder spirituellen Übung ist es sinnvoll, dass du dich erdest. Am besten funktioniert das in der Natur. Mache einen kurzen Spaziergang oder stelle dich barfuß auf die Erde. Wenn das nicht möglich ist, lüfte den Raum und lege dich dort in Rückenlage auf den Boden. Erdende ätherische Öle, Halbedelsteine oder Räucherungen können diesen Prozess unterstützen.

Anwendung der Heiltechniken bei sich selbst und anderen

Die eigene Aura zu entwickeln und zu heilen, ist ein wundervoller Weg, die eigene Persönlichkeit und Spiritualität weiterzuentwickeln. All die Basisinformationen, Sinnesübungen und Meditationen zielen darauf ab, die Aura wahrnehmen und stärken zu können. Auch Körperübungen (z. B. Yoga) und Aufenthalte in der Natur sind äußerst unterstützend zur Reinigung und Stärkung der Aura. Auraheilung beginnt daher bereits durch präventive Maßnahmen. Alles, was Energie verleiht, stärkt die Aura. Energieräuber, wie z. B. schlechte Ernährung, übermäßiger Medienkonsum, Überanstrengung und Negativität, sollten vermieden werden.

Der Auraenergie besonders zuträglich sind folgende Einflüsse:

> Positive Gespräche
> Körperpflege
> Achtsamkeitsübungen
> Meditationen
> Momente der Stille und des Schweigens
> Aufenthalte in der Natur
> Mäßiges Essen, gesunde und frische Kost
> Positives Denken
> Ausmisten und aufräumen
> Herzensprojekte realisieren
> Lebensfreude, lachen, Spaß haben
> Sinnhafte Tätigkeiten ausführen
> Positive Gefühle
> Beziehungen voller Vertrauen, Liebe und Respekt
> Atemübungen (Pranayama)
> Körperliche Betätigung (Yoga, Sport, Spaziergänge etc.)
> Gedankenhygiene

Auf Basis all der vorangegangenen Übungen der Aurawahrnehmung kannst du dich nun intensiver mit der Heilung der Aura beschäftigen. Hierbei werden die Energien beeinflusst, um die Ursache von Unwohlsein und Krankheit zu beseitigen. Wie du bereits gelesen und vielleicht auch durch die Aurawahrnehmung gespürt hast, können im Energiekörper Blockaden, Schäden und Störungen vorliegen, die es gilt aufzulösen. Zum Zwecke der Auraheilung wird allgemein der Energiefluss angeregt, um ein Energieungleichgewicht auszugleichen und negative Energien auszuleiten. Um Auraheilungen an sich selbst und anderen vornehmen zu können, solltest du die Aura bereits deutlich wahrnehmen können und dir auch der Verantwortung bewusst sein, was die eigene Heilung und Heilbegleitung anderer Menschen betrifft.

Auren interagieren miteinander und können einander beeinflussen. Bei der Heilung einer fremden Aura ist es besonders wichtig, die eigene Aura zu schützen, um keine Leiden zu übernehmen. Hülle dich daher vor einer Heilbehandlung in schützendes goldenes Licht ein, nutze die Kraft von Kristallen und führe energetische Reinigungen durch.

Heilarbeit am Energiekörper sollte nicht durchgeführt werden, wenn du dich nicht in deiner Kraft spürst, deine Intuition dagegenspricht oder schwerwiegende Erkrankungen vorliegen. Zeitdruck ist bei einer Auralesung oder -heilbehandlung ebenfalls nicht förderlich.

Bevor du deine Auraheilarbeit beginnst, setzt du eine positive Intention. Was möchtest du mit dieser Heilung bewirken und wozu? Formuliere deine Absicht in der Gegenwartsform und verzichte auf das Wörtchen „nicht". Die Intention sollte positiv formuliert sein. Du kannst deine Intention durch innere Bilder und Emotionen noch verstärken. Eine Absichtsformulierung könnte sein: Ich will frei durch die Nase ein- und ausatmen können.

Eine Auraheilung kann besonders kraftvoll durch das Auflegen der Hände stattfinden. In den Handinnenflächen befinden sich wichtige Energiezentren, welche direkt mit dem Herzchakra verbunden sind. Das bedeutet, dass du über deine Hände die Heilenergie der Liebe übermitteln kannst. Wenn du deine Heilfähigkeiten der

Hände verstärken möchtest, solltest du vorbereitend mit dem Ana-hata-Chakra arbeiten, indem du z. B. auf das Herz meditierst oder eine buddhistische Metta-Meditation (Meditation der liebenden Güte) durchführst. Im Umkehrschluss wird es deinem Herzzent-rum sehr guttun, wenn du die Kraft deines Handchakras bewusst einsetzt, um anderen Menschen damit zu helfen.

Bereite dich immer gewissenhaft auf eine Auraheilung vor, egal, ob du deine eigene Aura oder die Aura eines anderen Menschen behandelst. Der Raum spielt dafür eine wichtige Rolle. Er sollte gut aufgeräumt sein, gelüftet und eine friedvolle Energie aus-strahlen. Sorge für Ruhe und Ungestörtheit während und nach der Behandlung. Lege Kissen, Decken, Kristalle, ätherische Öle und alle weiteren Hilfsmittel bereit. Es ist empfehlenswert, vor einer Heilbehandlung nicht zu viel zu essen bzw. nur leichte Kost, damit Entgiftungsprozesse über den Körper leichter stattfinden können. Stelle warmes Wasser oder Tee bereit, um hierbei zusätz-lich zu unterstützen.

Bei der Aurabehandlung berühren deine Handflächen den Körper des anderen Menschen nicht, du arbeitest ausschließlich auf der Auraschicht. Die Person liegt vor dir auf dem Rücken, schließt die Augen und darf sich ganz entspannen und den Alltag los-lassen. Bitte sie, die Konzentration während der Aurabehandlung auf die Wahrnehmung zu lenken und aufkommende Gedanken zunächst beiseitezulassen. Ihr solltet während der Auraheilbe-handlung nicht miteinander sprechen. Verbinde dich mit deinem Herzchakra. Wenn du möchtest, kannst du dafür die linke Hand während der Aurabehandlung auf deinem Herzen verweilen las-sen. Das Auratasten geschieht dann ausschließlich mit der rechten Hand. Beginne bei der Stirn der Person und nimm ihre Aura wahr.

Mit kleinen Bewegungen streichst du über die Aura. Immer dann, wenn sich eine Stelle energetisch besonders dicht anfühlt oder du einen inneren Impuls erhältst, dass hier eine Energieblockade vorliegt, bleibst du mit der Hand an dieser Stelle und führst kreisende Bewegungen aus, um die Energie wieder zum Fließen anzuregen. Wenn du mit der Körpervorderseite fertig bist, dreht sich die Person auf den Bauch, sodass du die gleiche Aurabehandlung auf der Rückseite des Körpers durchführen kannst. Bewege auch auf dieser Seite deine Hand langsam über die einzelnen Körperbereiche. Verweile ein wenig länger auf den Energiezentren (Chakren), um die dortige Energie spüren zu können. Mithilfe sanfter Kreisbewegungen löst du blockierte Energien auf. Achte genau darauf, welche Gefühle, inneren Bilder und andere Informationen in dir erscheinen, während du an der Aura des anderen Menschen energetisch arbeitest. Wenn du fertig bist, legst du beide Hände auf dein Herz, um deine Energie zu dir zurückzuziehen, und atmest ein paar Mal tief ein und aus. Die behandelte Person sollte noch einige Momente liegen bleiben und der Anwendung nachspüren. Du kannst in dieser Zeit deine Hände unter fließendem Wasser reinigen und dich erden. Lege dich dafür ein paar Atemzüge lang selbst auf den Boden und lass die Heilarbeit auf dich wirken. Tauscht euch anschließend über eure gemachten Erfahrungen aus.

Auch wenn du dir selbst keine liegende Auraheilbehandlung geben kannst, solltest du dir immer wieder einmal die Zeit nehmen, dich mit Heilenergie zu versorgen. Du kannst ein ähnliches Verfahren im Sitzen durchführen. Auch wenn deine Hände nicht alle Stellen deiner Aura erreichen können, z. B. am Rücken, ist das Auflösen von Energieblockaden möglich. Nutze die Kraft deiner Vorstellung und sieh vor deinem inneren Auge, wie du mit deinen Händen durch die Auraschicht gleitest. Du wirst es über deine Intuition spüren, wenn sich dichte Energie zeigt, und kannst dort imaginativ Heilenergie hineinsenden.

Zusammenfassend ist äußerst wichtig zu erwähnen, dass du zwar durch das Auralesen und eine Auraheilung Informationen über den Energiekörper und physischen Körper dieses Menschen erhalten kannst, aber trotzdem keine Diagnosen stellen darfst. Das ist ausschließlich zugelassenen Ärzten, Therapeuten und Heilpraktikern erlaubt. Du beschreibst lediglich deine Wahrnehmung, sodass dein Gegenüber selbst in die Innenschau kommt und darüber reflektiert. Diese gesetzlichen Grenzen einer Auraheilbehandlung solltest du unbedingt einhalten.

7. ABSCHLUSS

Mit diesem Buch konntest du erste wichtige Einblicke in das Thema Aura erhalten und sehen, wie diese feinstofflichen Energien mit der physischen und emotionalen Gesundheit eines Menschen zusammenhängen. Beim Blick in die energetische Anatomie konntest du zunächst erfahren, was eine Aura überhaupt ist und aus welchen Schichten sie sich zusammensetzt. Ein Blick in die einzelnen Auraschichten (Koshas) gewährte auch Einblick in die verschiedenen Lebensbereiche und die spirituelle Entwicklung eines Menschen, welche sich in der Aura widerspiegeln. Du konntest die sieben Hauptchakren kennenlernen, welche über Energiekanäle (Nadis) eng mit der Aura verbunden sind, um die Lebensenergie (Prana) in und aus dem Körper zu leiten. Dabei widmet sich jedes Energiezentrum wichtigen Lebensthemen. Um eine Aura sehen bzw. wahrnehmen zu können, wurde dir über die Wichtigkeit der Intuition berichtet. Aus intuitiven Wahrnehmungsfähigkeiten können durch gezieltes Training sogar hellsichtige Fähigkeiten werden. Hier wurden dir verschiedene Möglichkeiten vorgestellt. Es zeigte sich dir dadurch die Wichtigkeit spiritueller Praktiken, allen voran der Meditation.

Die Farben spielen bei der Aura und den Chakren eine wichtige Rolle, können sie doch aktuelle Gemütszustände, Grundtendenzen und Verunreinigungen im Energiekörper anzeigen. Auch die

Struktur, Konsistenz und Form der Aura kann sich unterschiedlich zeigen und Rückschlüsse auf das Befinden eines Menschen zulassen. Im Alltag mischen sich all die Auren der Menschen und beeinflussen einander. Gerade in zwischenmenschlichen Beziehungen ist es von Vorteil, sich dieser Gegebenheit bewusst zu sein, denn nicht immer kommt das, was du gerade denkst oder spürst, von dir selbst. Du konntest verschiedene Möglichkeiten der Aurareinigung und des Auraschutzes erfahren, um auf energetischer Ebene die nötigen Vorkehrungen treffen zu können, wenn Fremdenergien deine eigene Energie belasten.

Menschen über die Aura in ihren Heilungsprozessen zu unterstützen, ist mittlerweile auch ein Bereich der alternativen Medizin (Quantenmedizin). Hier wurden dir Einblicke in die Themenbereiche Chakrenheilung, Auratherapie und Aurachirurgie gewährt, um aufzuzeigen, wie sinnvoll es sein kann, Heilungsprozesse nicht nur auf grobstofflicher, sondern auch auf feinstofflicher Ebene anzuregen. Es eröffnen sich therapeutische Diagnose- und Behandlungsmöglichkeiten, die ausschließlich durch zugelassene Ärzte, Heilpraktiker und (Psycho-)Therapeuten angewandt werden dürfen.

Im praktischen Teil des Buches konntest du mithilfe erster Übungen Erfahrungen mit der Aurawahrnehmung machen. Die grobstofflichen Sinne und deine Intuition arbeiten in diesem Prozess zusammen, sodass du eine Aura nicht nur sehen, ertasten oder hören kannst, sondern über dein drittes Auge auch innere Bilder empfängst, die für das Aurasehen von besonderer Bedeutung sind. Grundlegende Meditationen dienen dir dazu, regelmäßig an der Stärkung deiner Selbstwahrnehmung, deinen intuitiven Fähigkeiten und der spirituellen Entwicklung deines Seelenauges zu arbeiten. Außerhalb des therapeutischen Bereichs hast du trotzdem die Möglichkeit, auf dem Weg der Energieübertragung und

Energetisierung Blockaden im Energiekörper zu lösen. Durch das Aurasehen und Auratasten ist es möglich, diese ausfindig zu machen und den Energiefluss wieder anzuregen.

Zusammenfassend kann man sagen, dass es sich bei dem Thema Aura um ein sehr umfangreiches handelt, welches hier in Ansätzen dargestellt wurde. Du hast gelernt, dass es möglich ist, über die Aura deinen Gesundheitszustand zu verbessern, persönlich zu wachsen und dich spirituell weiterzuentwickeln. Dabei ist die Arbeit mit und an deiner Aura ein ständiges Entwicklungsfeld, in welchem du dich mit deinen Gedanken, Emotionen und deiner Seele auseinandersetzt. Das Auralesen führt dich somit nicht nur auf den Weg der Persönlichkeitsentwicklung, sondern hilft dir dabei, dein Bewusstsein zu erhöhen, deine Intuition zu stärken und ein umfassendes Verständnis über dich selbst, deine Mitmenschen und den Kosmos zu erlangen. So entdeckst du deine eigene Spiritualität oder vertiefst deinen bisherigen Weg. Wenn du beginnst, deine eigene Aura und die anderer Menschen stärker wahrzunehmen, und somit die individuelle Seele zu erblicken, erfährst du das Menschsein auf einer ganz neuen Ebene und siehst die Welt mit anderen Augen. Oder wie Markus Keimel (österr. Autor und Musiker) so treffend in einem Satz zusammenfasst: „Wie schön kann ein Mensch sein, wenn du seinen Körper gar nicht mehr wahrnimmst und nur noch seine Aura bestaunst.“

8. LITERATUR

Antwerpes, F. (2019). *Gesundheit.* Flexikon.doccheck.com.
https://flexikon.doccheck.com/de/Gesundheit#:~:text=2.1.-
,Definition%20der%20WHO,Freisein%20von%20Krankheit%20
und%20Gebrechen

    Badwal, W. (2023). Das dritte Auge: Schlüssel zu deiner Intuition.
Einfachganzleben.de.
https://www.einfachganzleben.de/meditation-achtsamkeit/
dritte-auge-intuition

    Chakren.net. (2023). Chakra-Heilung. https://www.chakren.net/
chakra-heilung/

    Dale, C. (2012). *Der Energiekörper des Menschen: Handbuch der
feinstofflichen Anatomie.* Lotus.

    Devi, A. (2021). *Aura sehen und stärken – Das Praxisbuch: Wie Sie die
7 Auraschichten wahrnehmen und reinigen, um Kraft und Heilung zu erfahren |
inkl. Meditationen, Visualisierungstechniken & Übungen zum Hellsehen.*

    Dul, N. (2008). *Aura-Therapie: Heilen mit dem Schwingungsfeld des
Menschen.* Heyne Verlag.

    Elia, S. (2021). *Aura sehen: Durch Achtsamkeit und machtvolle Chakra-
Meditation das Dritte Auge öffnen und Hellsehen lernen! Inkl. praktischen
Übungen zur Wahrnehmung von Auren.*

    Erni, B. (2023). Das solltest du über die Aurachirurgie
wissen. Brunoerni.com. https://www.brunoerni.com/
das-solltest-du-ueber-die-aurachirurgie-wissen/

Ghadiali, A. (2021). *Intuition: Das Unbewusste bewusst nutzen. Wie sich innere Stimme und Bauchgefühl fördern und trainieren lassen.* Dorling Kindersley Verlag.

Gonschior, T. (2022). *Auf den Spuren der Intuition: Eine Entdeckungsreise nach innen, entlang der Schnittstelle von Wissenschaft und Spiritualität: Was ist das... der Instinkt und das gefühlte Wissen?*

Grübnau, A. (2020). *Aurachirurgie – Neue Dimensionen der Heilung!*

Hirseland, J. (2020). Unterschiedliche Anwendungsgebiete und Durchführung der Aura-Therapie. Paradisi.de. https://www.paradisi.de/entspannung/auratherapie/

Kalashatra, G. (2016). *Aura Praxisbuch: Den Energiekörper wahrnehmen und heilen.* Irisiana.

Klügl, G., & Fritze, T. (2022). *Aurachirurgie: Wie sich der Körper über sein Energiefeld heilen lässt – Das Standardwerk.* Goldmann Verlag.

Lübeck, W. (2021). *Das Aura-Heilbuch: Feinstoffliche Energien lesen und deuten lernen.* Windpferd.

Marien-Engelbarts, R. (2023). Aurafotografie. Auraheilung.net. https://www.auraheilung.net/aurafoto/

Maurer, K. (2019). Prana: Die Lebensenergie der Yogis. Yogaeasy. de. https://www.yogaeasy.de/artikel/prana-die-lebensenergie-der-yogis

Oetinger, M. (2013). *Die Aura – Die Energiefelder des Menschen.* Aquamarin Verlag.

Oetinger, M. (2022). *Die Aura – Die Energiefelder des Menschen: Wie Gedanken und Energiefelder das tägliche Leben bestimmen.* Aquamarin Verlag.

Orzech, P. (2022). Die Chakren im Überblick: Sieben auf einen Streich. Yogaeasy.de. https://www.yogaeasy.de/artikel/sieben-auf-einen-streich

Pritam, A. (2019). Die Aura – das Energiefeld deiner Seele. Yogaeasy.de. https://www.yogaeasy.de/artikel/die-aura-das-energiefeld-deiner-seele

Sherman, J. (2023). Hellsichtigkeit: Symptome, Aspekte, wie man sie entwickelt und mehr! Rvpapers.com. https://rvpapers.com/de/hellsichtigkeit-symptome-aspekte-wie-man-sie-entwickelt-und-mehr

Schwab, A., & Jaeckle, N. (2019). *Aura Reading: Sich und seine Mitmenschen tiefer verstehen.* EchnAton Verlag.

Sinnsucher.de. (2022). Energiearbeit – Balance für Körper, Geist und Seele. https://www.sinnsucher.de/blog/energiearbeit-balance-fuer-koerper-geist-und-seele

Skuban, R. (2014). *Der Energiekörper: Die Aktivierung der feinstofflichen Kraftfelder.* Aquamarin Verlag.

Temmen, S. (2021). *7 Wochen 7 Chakren – Mit Yoga, Chakra Meditation und Selbstheilungstechniken zu innerer Kraft, geistiger Gesundheit und spirituellem Wachstum.*

Thüre, A. (2022). feinstoffliche Anatomie. Innerflowyoga.de. https://innerflowyoga.de/spiritainment-feinstoffliche-anatomie/

Wohlgemuth, H. (2018). *Lerne das Aurasehen: Ein Praxisbuch zum Trainieren deiner hellsichtigen Fähigkeit (Spirituell im Alltag 1).*